SAINT GILLES

ET

SON PÈLERINAGE

PAR

L'ABBÉ P.-E. D'EVERLANGE

Chanoine honoraire de Nîmes et de Digne, Curé-doyen
de St-Gilles (Gard).

Ouvrage approuvé par Monseigneur l'Évêque de Nîmes,
et recommandé par Nosseigneurs les Archevêques et
Évêques de Bordeaux, Rennes, Malines, Alby, Besançon,
Bourges, Poitiers, Agen, Montauban, Luxembourg,
St-Brieuc, Vannes, Limoges, Blois, Digne et Montpellier.

QUATRIÈME ÉDITION

ILLUSTRÉE DE CINQ GRAVURES A L'EAU-FORTE

et enrichie d'une lettre-préface

DU COMTE A. DE PONTMARTIN

AVIGNON

SEGUIN FRÈRES, IMPRIMEURS-LIBRAIRES

rue Bouquerie, 13.

1879

SAINT GILLES

ET

SON PÈLERINAGE

Achevé d'imprimer

A AVIGNON

PAR MM. SEGUIN FRÈRES

imprimeurs-libraires

le vingt-cinq août

1879

ST GILLES, ABBÉ

SAINT GILLES

ET

SON PÈLERINAGE

PAR

L'ABBÉ P.-E. D'ÉVERLANGE

Chanoine honoraire de Nîmes et de Digne, Curé-doyen
de St-Gilles (Gard).

*Ouvrage approuvé par Monseigneur l'Évêque de Nîmes,
et recommandé par Nosseigneurs les Archevêques et
Évêques de Bordeaux, Rennes, Malines, Alby, Besançon,
Bourges, Poitiers, Agen, Montauban, Luxembourg,
St-Brieuc, Vannes, Limoges, Blois, Digne et Montpellier.*

QUATRIÈME ÉDITION

ILLUSTRÉE DE CINQ GRAVURES A L'EAU FORTE

et enrichie d'une lettre-préface

DU COMTE A. DE PONTMARTIN

AVIGNON

SEGUIN FRERES, IMPRIMEURS-LIBRAIRES
rue Bouquerie, 13.

1879

Tous droits réservés.

Libenti et benevolenti animo, hunc librum appro-
bamus et commendamus.

† Fr. M. ANATOLIUS,

Episcopus Montis Pesullani, ad tumulum
Beati Ægidii peregrinus.

Die VIIᵃ Augusti 1876.

Visum, approbatum et multa laude dignum.

† LUDOV.,

Episc. Nem. Uce. et Ales.

Die VIᵃ Nov. 1877.

Daignez agréer l'humble hommage que le curé de St-Gilles est heureux de déposer, en son nom et au nom de ses paroissiens, aux pieds de Votre Sainteté.

La cité de St-Gilles, toujours fidèle au Saint-Siége, ressentit dans tous les siècles les effets de sa protection.

Benoît II accepte, en 685, la donation qui lui est faite de son monastère et de ses dépendances, par saint Gilles lui-même. Il l'exempte de toute juridiction et veut que ses abbés soient bénis par le Pape. Jean VIII fait mention de cet acte, qu'il a vu au Vatican.

Urbain II, en 1098, Adrien IV, en 1159, et Grégoire IX, en 1223, accordent des in-

dulgences au Monastère, qui devient le centre d'un grand pèlerinage.

Jules II exhorte les fidèles à concourir, par leurs offrandes, à l'érection de la Basilique qui doit s'élever sur le tombeau de saint Gilles. Elle devait être, dans sa pensée, une des plus belles des Gaules.

Clément IV donne à Saint-Gilles des preuves d'un dévouement plus grand encore. On le ressent dans chacune des pages de ces 40 bulles contenues dans le Bullaire précieux de l'antique abbatiale. 138 bulles sont renfermées dans cette riche collection.

St-Gilles est rangé par les Souverains Pontifes parmi les grands pèlerinages de la chrétienté.

Mais ce qui touche plus profondément nos cœurs aujourd'hui, Très-Saint-Père, c'est le témoignage de sollicitude que vous avez daigné donner à St-Gilles, en accordant à perpétuité, par un bref en date du 10 décembre 1869, une indulgence plénière à tous ceux qui visiteront la crypte de Saint-Gilles au jour anniversaire de la découverte de son tombeau.

C'est devant ce tombeau que vint s'agenouiller, quelques jours avant sa mort, le grand évêque de Nîmes, Mgr Plantier, cet intrépide et éloquent défenseur de vos droits sacrés, ô immortel Pontife, notre Père bien-aimé !

Daignez donc, Très-Saint-Père, bénir cet humble ouvrage. Alors il deviendra un instrument utile à la gloire de Dieu. Votre bénédiction se répandra par lui sur cette paroisse de St-Gilles, dont elle ressuscitera l'antique gloire, presque anéantie par le souffle destructeur des révolutions et de l'hérésie.

Nos cœurs abattus se relèveront alors sous la main protectrice du Vicaire de Jésus-Christ, et notre antique pèlerinage, si célèbre autrefois, revivra dans toute sa splendeur.

Voilà ce que nous attendons de vous, ô Père bien-aimé, successeur infaillible de tant de Pontifes, nos bienfaiteurs et nos modèles.

Et nos prières, unies à celles du Père commum de tous les fidèles, s'élevant vers le ciel dans la ferveur et la reconnaissance de nos âmes consolées, obtiendront le triomphe de sa cause, qui sera celui de l'Église et de notre infortunée patrie.

C'est dans ces sentiments qu'humblement prosterné à vos pieds, je vous prie d'agréer, Très-Saint-Père, l'hommage du plus entier dévouement et de la plus filiale affection, avec lesquels je suis,

De Votre Sainteté,

le fils très-humble, le serviteur le plus obéissant,

D'ÉVERLANGE,

Curé de St-Gilles, diocèse de Nîmes.

Rome, le 18 mars 1877.

Monsieur le Curé,

Je m'empresse de vous faire savoir que j'ai remis entre les mains de Sa Sainteté votre ouvrage intitulé : *Saint-Gilles et son pèlerinage*.

J'ai à la fois porté à la connaissance du Souverain Pontife le contenu de la lettre que vous lui avez adressée.

Celle-ci lui ayant fait connaître la pureté et la rectitude de vos intentions, ainsi que le zèle qui vous anime pour le service de la sainte cause de l'Église, il m'a autorisé à vous en louer et à vous transmettre, en signe de son auguste satisfaction, sa sainte bénédiction apostolique, qu'il daigne étendre à tous vos paroissiens.

Très-heureux de pouvoir vous en donner l'assurance, je saisis cette circonstance pour me recom-

mander à vos pieuses prières, et vous prier d'a-
gréer les meilleures expressions de ma parfaite
considération.

Wladimir CZACKI,
Secrétaire de la Ste Congrégation des
aff. ecclés. extraordin.

Monsieur l'abbé Pierre-Émile d'Everlange, chanoine, Curé de Saint-Gilles.

<table>
<tr><td>

ARCHEVÊCHÉ
de
BORDEAUX

</td><td>

Bordeaux, le 2 février 1877.

</td></tr>
</table>

Monsieur le Curé,

Votre livre intitulé : *Saint-Gilles et son pèlerinage,* est tout à la fois une vie du grand solitaire et une histoire de l'Abbaye, de la basilique, de la cité et du pèlerinage de St Gilles.

Plus que tout autre, il appartenait au curé de St-Gilles de faire connaître à la France le saint Ermite.

Vous nous le montrez issu du sang des rois, fuyant Athènes, sa ville natale, pour trouver Dieu dans la solitude de la vallée Flavienne. C'est là qu'il fonde un monastère, où accourent de nombreux disciples ; c'est là que tout entier à Dieu, à la prière, aux austérités de la pénitence et à l'amour le plus filial pour le Saint-Siège apostolique, il se transfigure et s'élève à la plus éminente sainteté.

Canonisé par le pape Jean VIII, il voit du haut du ciel son tombeau devenu glorieux sur la terre ; des miracles s'y opèrent, des flots de pèlerins, et des plus illustres, s'y pressent de toute part, une grande ville se forme autour de son abbaye.

Et tous ces grands évènements, vous les racontez, Monsieur le curé, avec un talent et une éloquence inspirée par une grande foi.

J'espère qu'avec le secours de Notre-Seigneur et avec l'aide de votre grand évêque, et aussi avec votre zèle pastoral, si ardent et si intelligent, sera renouée de nos jours la chaîne brisée des antiques pèlerinages au tombeau onze fois séculaire de l'illustre anachorète St Gilles.

Agréez Monsieur le Curé, l'assurance de mes sentiments dévoués et affectueux en N. S.

† FERDINAND, CARD. DONNET,
Arch. de Bordeaux.

ARCHEVÊCHÉ   *Rennes, 13 octobre 1876.*
de
RENNES

Monsieur et digne Curé,

Quoique St Gilles ne soit pas un saint breton, il n'en est pas moins en Bretagne l'objet d'un culte particulier. Il est le patron de beaucoup de nos paroisses ; sa statue est dans un grand nombre de nos églises, et nos parents bretons aiment à donner son nom à nos enfants. C'est donc avec un grand intérêt que j'ai pris connaissance de l'ouvrage que vous avez dédié à la mémoire et à l'honneur de ce grand saint, et je vous prie de recevoir tous mes remerciements d'avoir bien voulu me l'envoyer.

Recevez l'assurance, Monsieur et digne Curé, de ma plus affectueuse estime en N.-S.

† GODEFROY, CARD. S.-MARC,
Arch. de Rennes.

ARCHEVÊCHÉ   *Malines, 30 janvier 1878.*
de
MALINES

Monsieur le Curé,

J'ai parcouru l'ouvrage si intéressant que vous venez de m'envoyer sur la vie, les œuvres, la mort, le glorieux tombeau et le pèlerinage de St Gilles. Ce saint, comme vous l'avez fait remarquer, est le patron de bien des paroisses en Belgique. Il l'est, en particulier de la paroisse du Fayt (Manage), où mon père est mort et où j'ai passé une grande partie de mon enfance et de ma jeunesse. C'est assez vous

vous dire que St Égide, comme on l'appelle là, est demeuré l'un de mes chers saints. Je vois encore la vieille image sur l'autel du transept de l'église de Fayt, et si je le pouvais, je l'y ferais volontiers remplacer par la copie de celle qui orne votre beau travail, et qui est certainement plus fidèle.

J'ai lu avec bonheur ce que vous dites de la découverte du tombeau de St Gilles dans la crypte monumentale, aujourd'hui rendue au culte, à la prière, au divin sacrifice, aux pèlerinages. La restauration générale des grands sanctuaires de la foi est l'un des signes précurseurs de la restauration du monde chrétien; Dieu prépare les temples où les peuples égarés, mais ensuite éclairés par les résultats lamentables de l'apostasie sociale, reviendront chanter le *Miserere* et le *Te Deum*. La justice précèdera la miséricorde, et la miséricorde surpassera la justice. J'ai fait les pèlerinages d'Ars, de Lourdes, de la Salette, mais je deviens trop vieux pour entreprendre celui de St-Gilles. Dites cependant à votre éloquent évêque que je suis, de cœur, aux pieds du tombeau de votre puissant solitaire et que je demande à Sa Grandeur ses prières unies aux vôtres afin d'obtenir, par notre commun patron, la grâce de bien me préparer à la mort.

Agréez, Monsieur le Curé, l'assurance de mes sentiments respectueux en J.-C.

† V. A. Card. Deschamps,
Arch. de Malines, Primat de Belgique.

ARCHEVÊCHÉ   *Alby, le 1er septembre 1878.*
D'ALBY

Cher Monsieur le Curé,

Comme vous employez bien les rares loisirs de la charge pastorale ! Votre livre très-remarquable sur St Gilles en est une preuve touchante. Il révèle de l'érudition, des études sérieuses, un vrai patriotisme, une plume élégante et,ce qui vaut mieux encore, un excellent pasteur.

J'estime que cette intéressante histoire est une bonne œuvre, puisqu'elle doit étendre un religieux pèlerinage en faisant mieux connaître le grand Saint qui en est l'objet. Que Dieu vous récompense de cet acte intelligent et religieux.

Recevez, cher curé et vieil ami, l'assurance de mon affectueux dévouement.

† Cl.-Em., Arch. d'Alby.

ARCHEVÊCHÉ   *Besançon, 31 décembre 1877.*
de
BESANÇON

Mon cher Curé,

Je ne suis pas surpris que votre beau livre sur *St Gilles et son pèlerinage* soit arrivé en si peu de temps à sa troisième édition. L'intérêt qui s'attache à l'histoire de l'illustre solitaire et le charme que vous avez su répandre dans vos récits suffisent pour expliquer ce succès.

Recevez, mon cher curé, avec mes félicitations bien sincères, l'assurance de mes sentiments affectueux.

> † JUSTIN,
> *Arch. de Besançon.*

ARCHEVÊCHÉ
de
BOURGES

Bourges, 12 mars 1877.

Monsieur le Curé,

J'ai reçu votre très-intéressant ouvrage sur *St Gilles et son pèlerinage.* Je joins bien volontiers mon suffrage à ceux de Mgr de Nîmes et de Mgr de Montpellier.

Les pèlerinages sont une des formes de la dévotion de nos jours. La Providence semble y pousser les peuples, sans doute pour leur rendre la foi des temps antiques et leur faire retrouver aussi les bénédictions du ciel dont ils ont si grand besoin ! Il est donc tout naturel que vous cherchiez à faire revivre votre grand et illustre pèlerinage. Je fais des vœux sincères pour que vous réussissiez pleinement dans cette sainte entreprise.

Agréez, Monsieur le curé, l'assurance de mon humble dévouement.

† C. A.
Arch. de Bourges.

La Puye, 18 janvier 1878.

ÉVÊCHÉ
de
POITIERS

Monsieur le Curé,

Je profite de quelques jours de tranquillité que je suis venu passer auprès du tombeau de ma mère, à l'occasion d'un bien douloureux anniversaire, et, parmi mes correspondances en retard, j'ai hâte d'acquitter la dette de gratitude que m'impose votre lettre et votre envoi du 4 de ce mois.

J'ai lu avec un véritable intérêt la vie et l'histoire du culte de St Gilles, et je voudrais être à même de seconder votre zèle pour la conservation d'un monument auquel se rattachent tant de religieux et patriotiques souvenirs. Je ne doute pas que votre publication n'excite la générosité des fidèles qui vous entourent et que le pèlerinage de St Gilles, désormais plus connu et plus fréquenté, ne vous mette à même d'accomplir tous vos desseins.

Croyez, Monsieur le curé, à mon bien sincère dévouement en N.-S.

† L. E.,
Évêque de Poitiers.

ÉVÊCHÉ
D'AGEN

Agen, le 11 octobre 1876.

Monsieur le Curé,

Je vous remercie d'avoir bien voulu me faire hommage de votre volume sur St Gilles. La retraite pastorale que je préside en ce moment ne m'a permis que de l'examiner rapidement ; mais je ne veux pas attendre de l'avoir lu en entier, pour vous féliciter de votre travail, qui me paraît être un résumé savant de tout ce qui a été écrit sur la vie, le culte, l'abbaye et le pèlerinage de St Gilles. Si j'en juge par les pages que j'ai parcourues, il ne dénote pas seulement de longues et patientes recherches, mais il porte le cachet d'une bonne et belle littérature.

Agréez, Monsieur le Curé, l'assurance de mes sentiments affectueux et dévoués en N.-S.

† JEAN-ÉMILE
Év. d'Agen.

ÉVÊCHÉ
de
MONTAUBAN

Montauban, le 1ᵣ septembre 1870.

Cher Monsieur le Curé,

En vous remerciant de votre bon souvenir, je vous félicite de votre travail sur le patron de votre église. J'ai parcouru avec intérêt votre livre, je le relirai avec soin dès que j'en aurai le temps, soit à cause des grandes vertus du Saint, soit à cause de mon affection pour l'auteur de sa vie.

Vous êtes digne de louange pour avoir su vous reposer des fatigues pastorales en étudiant et en faisant connaître le grand serviteur de Dieu. La piété et la reconnaissance ont donné son nom à la ville qui lui doit l'existence et dont il est le plus noble et la plus belle illustration.

Puissiez-vous, sous la protection de saint Gilles, ramener à la vraie religion tous les habitants que l'hérésie en a détachés.

Veuillez agréer, mon cher Monsieur le Curé, l'assurance de mes sentiments affectueux en N.-S.

† THÉOD.,
Év. de Montauban.

———

ÉVÊCHÉ
de
LUXEMBOURG

Luxembourg, le 16 octobre 1876.

Monsieur le Chanoine,

Vous avez eu la grande bonté de m'offrir votre intéressante monographie sur *St Gilles et son pèlerinage*. Je vous remercie très-cordialement de ce témoignage d'attention dont vous avez bien voulu m'honorer. Il ne m'appartient pas, Monsieur le Chanoine, après les approbations mieux autorisées qui ornent la première page de votre publication, de porter un jugement sur la valeur de ce beau travail. Mais ce que je ne puis m'empêcher de vous dire, c'est que j'ai été très-édifié de la piété filiale qui vous a pressé de publier les éloges du grand patron de votre paroisse, piété que vous réussirez parfaitement à inspirer à vos lecteurs.

Je m'associe aux vœux que vous exprimez dans la conclusion de votre ouvrage, tout en vous souhaitant que le grand Saint dont vous vous êtes fait le panégyriste veuille bien vous combler de ses faveurs particulières, vous personnellement ainsi que la paroisse que vous dirigez.

Permettez-moi aussi, Monsieur le Chanoine, de vous demander une prière sur le tombeau de saint Gilles pour ce pays de Luxembourg, la patrie de vos illustres aïeux et pour

Votre très-humble, affectionné et reconnaissant serviteur,

† NICOLAS,
Év. de Luxembourg.

ÉVÊCHÉ
de
St-Brieuc et Tréguier

St-Brieuc, le 11 janvier 1878.

Monsieur le Curé,

Je vous remercie de m'avoir envoyé un exemplaire de votre monographie de St-Gilles ; jamais on ne réveillera trop le souvenir de ces vieux saints qui ont fait la France et dont on trouve la trace lumineuse à chaque pas.

J'ai dans mon diocèse quatre paroisses dédiées à St Gilles ; nous sommes pourtant aux deux extrémités de la France. Ses statues sont innombrables dans nos églises. Je ferai annoncer votre bel ouvrage dans la *Semaine religieuse*.

Agréez mes remerciements et mes dévouements.

† AUGUSTIN,
Év. de St-Brieuc et Tréguier.

ÉVÊCHÉ
de
VANNES

Vannes, le 12 janvier 1878.

Monsieur le Curé,

J'ai reçu avec reconnaissance votre monographie sur *St-Gilles et son pèlerinage*. Ce que j'ai déjà lu m'a vivement intéressé. Vous avez su donner à votre travail un attrait plein d'édification. Permettez-moi de vous en faire mes sincères compliments. En insérant cette lettre dans la *Semaine religieuse* de Vannes, je me conformerai au désir que vous m'avez exprimé.

Puissé-je contribuer ainsi à propager le culte du patron de votre pays et m'attirer la protection de ce grand solitaire. Si le renoncement, la mortification et toutes les vertus chrétiennes, dont il fut le parfait modèle, étaient moins méconnus de nos jours, notre pauvre société ne souffrirait pas, à ses risques et périls, des maux engendrés par des convoitises insatiables.

Trois églises paroissiales et quatre chapelles frairiales de mon diocèse sont placées sous le vocable de St Gilles.

Agréez, Monsieur le curé, l'assurance de mes sentiments dévoués.

† JEAN-MARIE,
Év. de Vannes.

ÉVÊCHÉ
de
LIMOGES

Limoges, 23 janvier 1878.

Monsieur le Curé,

Votre livre sur St Gilles révèle un écrivain exercé et un pasteur intelligent et zélé. J'admire votre talent, mais plus encore votre amour des âmes.

Vous me rendez personnellement un service. J'ai dans mon diocèse quelques paroisses sous le vocable de St Gilles. Grâce à vous, dans mes tournées pastorales, je pourrai parler pertinemment de ce grand saint et je suis sûr d'édifier les fidèles et de leur être bien utile.

Merci donc, Monsieur le Curé, et que Dieu bénisse votre livre, votre chère paroisse et vous.

Votre bien dévoué en N.-S.

† ALFRED,
Év. de Limoges.

ÉVÊCHÉ
de
BLOIS

Blois, le 20 février 1878.

Monsieur le Curé,

Je vous suis très-obligé de m'avoir adressé un exemplaire de la nouvelle édition de votre livre. C'est avec bonheur que je bénis la sainte entreprise que vous avez conçue et déjà réalisée en partie, de réveiller, de propager le culte d'un grand saint et de généraliser son pèlerinage. Ainsi qu'on vous l'a dit, la mémoire de St Gilles n'est pas sans honneur dans notre diocèse ; cette dévotion salutaire porte ses fruits dans un certain nombre de chapelles ou églises qui lui sont consacrées et dont plusieurs sont même des lieux de pèlerinage assez fréquentés.

La connaissance que j'ai prise de votre ouvrage m'a persuadé qu'il est éminemment propre à préparer les âmes pour rétablir ce courant du moyen-âge qui répandait des flots de pèlerins dans la vallée Flavienne et dans sa merveilleuse basilique.

Vos efforts pourront, je l'espère, atteindre le but auquel vous aspirez et alors, le tombeau du saint abbé, recouvrant son antique gloire, sera encore comme autrefois un foyer de grâces pour l'Église, et deviendra, Dieu aidant, une source de régénération pour notre patrie.

Recevez, Monsieur le Curé, l'assurance de mon entier dévouement.

† CHARLES,
Év. de Blois.

ÉVÊCHÉ
de
DIGNE

Digne, 31 août 1878.

Mon cher Chanoine,

Je vous félicite de tout cœur de la pensée que vous avez eue de publier une nouvelle édition de

votre *Vie de St Gilles*. Votre piété envers notre saint
patron, votre zèle toujours si ardent à procurer sa
gloire, ne peuvent manquer de porter leurs fruits.
Les fidèles qui auront le bonheur de lire votre
livre en seront vivement édifiés, et se sentiront portés à vénérer et à invoquer avec ferveur cet ami de
Dieu, si cher à nos pays.

Recevez, mon cher chanoine, l'assurance de mon
bien affectueux dévouement.

† M. JULIEN,
Év. de Digne.

———

ÉVÊCHÉ   *Nîmes, le 6 novembre 1877.*
de
NIMES

Mon cher Curé,

Les lettres de mes vénérés collègues attestent
assez haut l'intérêt puissant qui s'attache aux pèlerinages de saint Gilles et le service que vous rendez au pays en essayant de les rétablir.

Que Dieu bénisse ce livre, qu'il favorise vos nobles projets et qu'il vous donne de voir auprès du
tombeau du Saint encore plus de fidèles que le

portail de l'antique abbatiale n'attire d'amateurs et de curieux.

Les pages que vous avez écrites portent avec elles leur édification.

Je m'explique très-bien que l'enthousiasme de votre piété n'ait pas toujours été contenu dans les bornes d'un simple récit.

On doit pardonner au curé de St-Gilles de chanter quand il parle en présence du plus beau monument que l'architecture romane ait laissé dans notre midi. Vous prêchez même en plus d'un endroit, mais personne ne s'en plaindra, car on retrouve partout l'élan de la foi et la générosité du cœur.

Agréez, avec tous mes remerciements, l'expression de mes plus affectueux sentiments en N.-S. J.-C.

† Louis,
Év. de Nîmes, Uzès et Alais.

Les Angles, le 11 janvier 1877.

Monsieur le Chanoine et cher confrère,

Je me reprochais depuis longtemps de ne pas vous avoir écrit au sujet de votre belle monographie sur *Saint Gilles et son pèlerinage*. Jamais il n'y eut d'harmonie plus parfaite entre l'auteur et le sujet. Vous étiez digne d'apprécier le monument confié à votre garde, et, en l'étudiant avec la passion d'un artiste et la foi d'un prêtre, de grouper autour de vous quiconque n'est pas insensible aux chefs-d'œuvre de l'art chrétien.

Aujourd'hui j'apprends avec un vif plaisir le succès de votre ouvrage, et, si je n'ai pas eu l'honneur d'y contribuer, je comprends du moins toute la joie que doit vous causer ce succès si légitime. C'est Dieu merci ! un sentiment bien meilleur que le vulgaire amour-propre d'auteur, c'est la certitude d'avoir fait une bonne œuvre et d'avoir ravivé dans l'âme de vos paroissiens, comme dans celle de nombreux pèlerins, le souvenir du saint patron de votre église et le goût de tous les merveilleux détails qui se rattachent à son histoire. Un homme à qui ses adversaires eux-mêmes n'ont jamais contesté le titre de grand artiste et de grand écrivain. M. de Montalembert, me disait un jour que la littérature et l'art contemporains échapperaient à leur décadence s'il y avait dans toutes les localités remarquables, auprès de tous les berceaux d'une légende ou d'une tradition édifiantes, un homme capable de disputer à l'oubli ces trésors, de cueillir pieusement ces reliques et de les remettre en lumière avec une grande sincérité de sentiment et de langage. C'était à ses yeux une sorte de décentralisation catholique, la meilleure de toutes, et il suffit, pour lui rendre justice et hommage, de voir où nous ont conduits les méthodes contraires. Vous avez réalisé avec un rare bonheur, Monsieur le Chanoine et cher confrère, ce que désirait ou regrettait l'illustre auteur des Moines d'Occident. Que ne suis-je plus jeune et plus valide? St Gilles et son digne biographe auraient eu déjà ma visite, et vous m'auriez aidé à mieux admirer tous les détails de votre église que vous avez si heureusement transportés dans votre livre. Quoique vous soyez bien au-dessus de la gloriole humaine, laissez-moi vous dire en finissant, que votre nom est désormais associé à celui du grand saint qui vous a si bien inspiré. Vous ne sauriez avoir ni meilleur compagnon dans ce monde, ni meilleur patron dans le ciel. Priez-le, s'il vous plaît, pour notre pauvre France qui expie si cruellement le sort d'avoir voulu rompre avec toutes les croyances et toutes les poésies de son passé.

Priez-le aussi pour ceux qui vous honorent et vous aiment, et veuillez compter au premier rang le vieux critique qui, malgré ses habitudes de chicane et de maussaderie, parlera de votre livre comme tout le monde.

Agréez aussi, Monsieur le Chanoine et cher confrère, le sincère témoignage de ma respectueuse amitié.

ARMAND DE PONTMARTIN.

DÉDICACE

C'est à vous que je dédie ce livre, bons et fidèles paroissiens de St-Gilles.

Depuis le jour où quittant, à la voix de mon Évêque, la paroisse de Villeneuve, riche en souvenirs chrétiens, il me fut donné de devenir le Pasteur de vos âmes, la gloire de saint Gilles, votre patron, devint la grande préoccupation de mon cœur de prêtre.

Je viens dans ce modeste et imparfait travail vous offrir le témoignage de ma sollicitude.

Vous l'accepterez, je l'espère, avec bonheur.

Tout ce qui célèbre le nom de saint Gilles vous est cher; tout ce qui rappelle ses vertus vous enflamme d'un saint enthousiasme.

Soyez bénis de ce pieux attachement ! Votre patron est à la fois le fondateur de votre cité et le père de vos âmes. Ne lui êtes-vous pas redevables de tout ce que vous possédez ? Vous lui devez le titre d'enfants de St-Gilles, dont vous êtes justement fiers; vous lui devez les biens de la terre et les bénédictions du Ciel, le territoire immense fertilisé par le travail de saint Gilles et votre foi, principe de toute gloire, de toute force et de tout bonheur.

Le patronage de saint Gilles a été pour vous l'origine des plus flatteuses distinctions. Notre grand Pape, l'immortel Pie IX, a daigné vous donner des témoignages particuliers de sa paternelle affection; vos Évêques vous ont regardés comme une des portions les plus glorieuses de l'antique Église de Nîmes; les pieux pèlerins, les artistes les plus renommés se sont donné rendez-vous dans votre ville pour prier sur le tombeau de votre patron ou pour admirer l'église monumentale qui abrita longtemps ses reliques.

Vous lirez donc avec intérêt, et, je le souhaite, plus encore avec profit pour vos âmes, l'humble ouvrage de votre Pasteur. Il vous apprendra à mieux connaître l'histoire de votre pays. C'est celle de votre Saint, de votre pèlerinage, de votre célèbre basilique.

St-Gilles, 29 août 1876.

Onzième anniversaire de la découverte du Tombeau de saint Gilles.

AVANT-PROPOS

Pourquoi ce livre ? St-Gilles et son pèlerinage ont-ils manqué jusqu'à ce jour d'historiens et de panégyristes ? Ce n'est pas nous qui oserions l'affirmer. Établi par la Providence gardien du tombeau de saint Gilles, ne devions-nous pas nous livrer, sur ce sujet, à une étude approfondie, pour satisfaire aux aspirations ardentes du peuple confié à nos soins, comme aux exigences légitimes des pèlerins ? Nous avons voulu nous montrer fidèles à notre mission : répondre à la confiance des uns et éclairer la religion des autres.

Avant nous, bien des plumes autorisées ont mis en lumière ce que tant de souffles d'orage s'étaient efforcés d'obscurcir. Il convient de placer en première ligne la « *Notice historique sur saint Gilles avant et après sa mort,* » que nous devons aux laborieuses recherches de M. l'abbé Teissonnier, enfant de St-Gilles, directeur au Grand Séminaire de Nîmes (1).

L'archéologie, dans ce qu'elle a de plus élevé en appréciations savantes et en saine critique, a montré sous un jour nouveau l'histoire de saint Gilles, retracée avec splendeur sur les restes mutilés de sa basilique. M. Révoil, l'éminent architecte du département du Gard, dans un ouvrage que l'on ne saurait trop louer (2), consacre à l'église de St-Gilles des pages remarquables, dignes de vivre autant que les merveilles décrites par son talent supérieur.

(1) *Notice historique sur saint Gilles avant et après sa mort, ou saint Gilles, son monastère et son culte,* par Teissonnier, prêtre. — Nîmes, imp. Soustelle, 1862.

(2) *Architecture romane du Midi de la France,* par Henry Révoil, architecte du gouvernement, 3 vol. in-folio. Veuve A. Morel, éditeur, 13, rue Bonaparte, Paris.

A côté de ces deux œuvres importantes, nous devons placer l'intéressant mémoire de M. F. Béchard, sur la Fabrique de St-Gilles, dont les droits avaient été méconnus (1).

Pourrions-nous oublier les précieuses brochures de M. l'abbé A. Goubier, curé de St-Gilles ? N'y retrouvons-nous pas, en effet, exprimés avec la chaleur d'une grande âme, les efforts de son zèle pour rendre à l'antique pèlerinage de St-Gilles sa gioire éclipsée, et à ses enfants la ferveur et la sainteté dés premiers jours (2) ?

D'honorables habitants de la paroisse, à l'exemple de leur pasteur, ont voulu contribuer, dans la mesure de leurs forces, à cette œuvre de restauration. Nous voulons parler ici de M. le baron de Rivière (3), de M. Chèvre-

(1) *Consultation pour la Fabrique de St-Gilles.* — Nîmes, Clavel-Ballivet, 1866.

(2) *Mémoire aux fidèles de St-Gilles.* — *Vie admirable du grand saint Gilles.*

(3) *Antiquités du Midi.* Tombeau, d'Ægidius, St-Gilles. Marseille, Marius Olive, 1866.

mont (1) et du capitaine A. Delmas. Mais ce dernier n'a jamais livré à la publicité les nombreuses et utiles pages qu'il écrivit en faveur de saint Gilles.

Un dernier ouvrage, remarquable par le fond et la forme, vient de paraître au Mans, à l'occasion de la restauration d'un sanctuaire dédié à St-Gilles de la Plaine, près d'Alençon. Il est dû à M. Jules de Kerval (2).

La Providence, qui veille sur ses Saints et garde leurs ossements, réservait un grand honneur à la mémoire de saint Gilles. L'illustre évêque de Nîmes, Mgr Plantier, dans deux lettres pastorales aux fidèles de son diocèse (3), a rendu à notre célèbre crypte et aux deux tombes qu'elle renferme plus d'éclat que ne leur

---

(1) *Crypte de la Basilique abbatiale et monumentale de St-Gilles, notes et souvenirs.* Nîmes, typ. Soustelle, 1866.

(2) *Vie et culte de saint Gilles, l'un des quatorze saints les plus secourables du Paradis,* par Jules de Kerval. Le Mans, Leguicheux-Galienne, imp., 1874.

(3) *Lettres pastorales* de Monseigneur l'Évêque de Nîmes sur la découverte du tombeau de saint Gilles, et sur l'établissement, dans son diocèse, du culte du Bienheureux Pierre de Castelnau 1867.

avaient ravi plusieurs siècles d'indifférence et de persécutions. Tous les sujets traités par ce grand Prélat se couronnent d'immortalité.

Nous ne dirons rien de ce que les Bollandistes ont écrit sur saint Gilles. D'autres hagiographes moins célèbres ont aussi traité ce sujet. Mais on se procure difficilement ces grands ouvrages, et les opuscules dont nous venons de parler sont presque entièrement épuisés (1).

Il est vrai, une dernière étude hagiographique sur saint Gilles et son culte est depuis longtemps attendue. Mais l'auteur, le pieux et savant abbé Rembry, secrétaire de l'Évêché de Bruges, n'a pas encore livré son travail à la publicité. Tous ces motifs nous ont fait juger opportun d'écrire une nouvelle notice historique sur le pèlerinage de St-Gilles.

Faire connaître saint Gilles est la pensée qui

(1) M. Réveillé de Beauregard, membre correspondant de plusieurs Académies, vient de faire paraître sur saint Gilles un poëme, peu étendu, il est vrai, mais qui réunit toute son histoire dans sa remarquable et louable précision. (*Saint Gilles et son tombeau*. Marseille, Cayer et Cie, 1877).

domine ce travail. N'est-il pas, en effet, dans sa vie, dans ses œuvres et dans sa mort, la pierre fondamentale de tout ce que nous trouvons à St-Gilles ? Le tombeau et la crypte qui lui sert de sanctuaire ; la Basilique et la Cité ; enfin le pèlerinage de St-Gilles placé autrefois par les Papes au rang des plus célèbres de la chrétienté, mais aujourd'hui si tristement déchu de son ancienne splendeur : tel est l'ordre d'idées que nous suivons dans cet ouvrage.

Puissent ces pages atteindre leur but ! Puissent-elles glorifier Dieu dans l'un de ses plus grands serviteurs et ramener dans les âmes le zèle de la sanctification ! Enfin, et c'est le vœu le plus ardent de notre cœur, puissent-elles faire renaître les pèlerinages autrefois si nombreux auprès de cette tombe dont la vertu est loin d'être tarie ! (1)

____

(1) Le monde religieux et artistique nous saura gré des améliorations notables apportées à cette nouvelle édition ; nous n'en citerons qu'une ici : les cinq gravures à l'eau forte, gravées par M. C. Bourges, d'Avignon, artiste d'un incontestable talent, et tirées par M. Charles Delâtre, le célèbre imprimeur aquafortiste de Paris.

CHAPITRE PREMIER

SAINT GILLES — SA NAISSANCE — SES ŒUVRES
SA MORT.

> *Ecce elongavi fugiens et
> mansi in solitudine.*
>
> Je me suis éloigné par la
> fuite et j'ai demeuré dans
> la solitude.
>
> Ps. LIV, 8.

PREMIÈRES ANNÉES DE SAINT GILLES

C'est vers le milieu du VIIe siècle que la ville
d'Athènes eut l'insigne honneur de donner le jour
à saint Gilles (Ἀιγίδιος). Issu des anciens rois de
la Grèce, doué d'une riche et précoce intelligence,
Ægidius fit de rapides progrès dans les sciences
humaines, au sein de cette ville fameuse, appelée

avec raison le foyer des lumières, le centre de la civilisation et des arts.

Mais Dieu, « *admirable dans ses saints* (1) », les prédestine à un progrès plus glorieux. « *Il place dans leur cœur des degrés d'ascension* (2) » et leur fait franchir les espaces immenses qui séparent les régions éclairées par les pures lumières de la foi des sentiers ténébreux de l'erreur.

Nous voyons saint Gilles, à cet âge où la « *fascination de la bagatelle* (3) » exerce un trop funeste empire sur le cœur humain, s'arracher aux dangers du monde. Il a entendu ces paroles de l'Évangile : « *Si vous voulez être parfait, vendez tout ce que vous avez, donnez-en le prix aux pauvres et vous aurez un trésor dans le ciel* (4). Non content de les entendre, il les prend pour règle de sa conduite, et le voilà, pauvre volontaire, n'aspirant qu'au bonheur de se donner à Jésus, le divin roi des pauvres.

(1) *Mirabilis Deus in sanctis suis.* » Ps. LXVII, 36.
(2) « *Ascensiones in corde suo disposuit.* » Ps. LXXXIII, 6.
(3) « *Fascinatio nugacitatis.* » Sap. IV, 12.
(4) « Math. XIX, 21

Dieu a daigné répondre déjà à la fidélité de son serviteur par le don surnaturel des miracles. Le miracle, ce signe révélateur de la vérité, n'appartient qu'à l'Église catholique ; il brillera avec splendeur sur le front de saint Gilles, s'attachera à tous ses pas et enfin à son tombeau comme une couronne glorieuse, récompense de ses admirables vertus.

Un jour, allant à l'église, il rencontra un pauvre malade, couvert a peine de quelques méchants haillons ; le Saint lui donna sa robe qui lui rendit aussitôt la santé. — Sortant une autre fois de l'église, il guérit un homme piqué d'un serpent dont la blessure devait être mortelle. Enfin une troisième fois, étant à l'église, il chassa le démon du corps d'un possédé, qui troublait le service divin par ses cris et ses hurlements (1).

(1) *Vies des Saints*, par le P. Giry, t IX, p. 9.

IL QUITTE SA PATRIE

Bientôt Saint Gilles se trouve trop à l'étroit dans la ville d'Athènes pour suivre les aspirations de son cœur. L'admiration que provoquent autour de lui ses miracles et son désintéressement l'embarrasse et le confond, les louanges le blessent et l'épouvantent ; il veut fuir dans le désert et « *faire de ses ténèbres son habitation* (1) » préférée et chérie. Il s'éloigne donc de la terre qui l'a vu naître ; il dit adieu à sa patrie terrestre pour s'assurer la possession de l'immortelle patrie. Il suit les sentiers de cette mer intérieure qu'avaient traversée avant lui les Marthe, les Madeleine, les Lazare, membres illustres de la famille de Jésus-Christ ; il apaise une furieuse tempête qui met son vaisseau à deux doigts du naufrage et aborde aux rivages célèbres et déjà sanctifiés de la Provence (663).

L'Église d'Arles, célèbre dans l'univers entier, attire les pas de saint Gilles. Dieu veut encore ici

(1) « *Posuit tenebras latibulum suum.* Ps. XVII, 12.

glorifier son serviteur par le don des miracles : au contact de ses vêtements les malades recouvrent la santé. Notre jeune Saint est obligé de se dérober par la fuite aux honneurs que lui prodigue la reconnaissante vénération des peuples. Il passe le Rhône au-dessus d'Arles et se réfugie dans une solitude profonde sur les bords escarpés du Gardon. Il y trouve, dans le solitaire saint Vérédème, grec comme lui, les exemples et les leçons dont il est saintement avide.

Quand Dieu prédestine une âme à une vertu sublime, et veut en faire le guide et la mère d'une nombreuse famille de saints, il la prépare par le sacrifice et la perfectionne par l'immolation. Saint Gilles quitta bientôt cet asile et ce maître, tous deux si chers à son cœur. Auprès de Vérédème, comme dans la ville d'Arles, les populations, attirées par ses miracles, s'étaient attachées à ses pas. Il veut échapper à la gloire en se retirant dans la vallée Flavienne. Là, du moins, il espère jouir de cet oubli des hommes que recherchaient avant tout son humilité et son union avec Dieu. Une caverne perdue au fond des bois va lui servir de demeure, tandis que Vérédème, ce maître vénéré dans les voies de la perfection, dont il est devenu l'émule, semblable *à la lumière placée sur le chandelier* (1), est destiné au redoutable honneur de l'épiscopat. Appelé à occuper le siége d'Avignon par son saint prédécesseur Agricol, il ne se soumet à cette charge *formidable pour les épaules des anges eux-mêmes* qu'à son corps défendant (2). C'est pour cette raison sans doute, que fortifié par Dieu, qui *résiste aux superbes et donne sa grâce aux humbles* (3), Vérédème ajoutera aux gloires d'Avignon, et préparera, en quelque sorte, la grande place qu'elle doit tenir dans l'histoire de l'Église.

LA VALLÉE FLAVIENNE

Pour décrire la vie de saint Gilles dans cette solitude, il faudrait retracer celle des solitaires de l'Égypte et de la Thébaïde. Son oraison continuelle

(1) Luc., ch. xi, 33.

(2) *Invitum et reluctantem* (propre du diocèse 31 août).

(3) *Deus superbis resistit, humilibus autem dat gratiam.* Jacob., vi. 6.

élève ses pensées au-dessus de la terre ; dans les ravissements d'une contemplation sublime, son cœur se livre sans partage aux ardeurs de son amour. L'eau des fontaines étanche sa soif. Il se nourrit de racines sauvages et du lait d'une biche, seul témoin de ses austérités. Il dort sur la terre nue, ne cessant, à l'exemple de l'Apôtre de « *châtier son corps et de le réduire en servitude* (1). » Telles sont les saintes rigueurs de sa pénitence, qu'il en laissera les preuves certaines dans ses reliques vénérées.

SAINT GILLES DÉCOUVERT PAR LE ROI WAMBA

Il n'est pas hors de propos de remarquer ici l'alliance étroite qui a toujours existé, dans les desseins de la Providence, entre la vie des saints et les évènements les plus considérables de l'histoire. Établis en Espagne, les Wisigoths gouvernaient une partie de la Gaule. Ils avaient pour roi Flavius

(1) 1 Cor. IX, 27.

Wamba, qui se glorifiait de compter l'empereur Vespasien parmi ses ancêtres.

Nîmes, la Rome des Gaules, obéissait au prince Wisigoth. Mais bientôt, lasse du joug, la vieille cité se révolte contre son souverain légitime. A cette nouvelle, Wamba accourt à la tête de son armée, et la ville rebelle ne tarde pas à rentrer dans le devoir (673).

Pour se distraire des fatigues d'un siège sanglant, le roi veut se livrer au plaisir de la chasse dans la forêt voisine. Il s'y rend accompagné d'une suite nombreuse. Une biche a été aperçue : les chiens s'élancent à sa poursuite, tandis que l'animal effrayé par ces cris inaccoutumés vient se réfugier auprès du solitaire qu'elle nourrissait de son lait. Ce solitaire était saint Gilles. Tout à coup une flè-che lancée par un bras vigoureux frappe la main du serviteur de Dieu. Les gens du roi se précipi-tent, croyant avoir atteint la biche. Quel étonne-ment pour eux, à la vue du saint anachorète cou-vert de sang et répandant des larmes, moins à cause de sa blessure, qu'à la pensée du danger au-quel vient d'être exposé ce pauvre animal, le com-pagnon et l'ami de sa solitude !

« Scène ravissante, empreinte d'une inexprima-
« ble poésie ! trait le plus populaire de la vie de
« saint Gilles, dans lequel on a vu une image tou-
« chante du rôle de l'Église protégeant le faible
« contre le fort, l'innocent contre l'oppresseur (1).

Informé de ce qui vient de se passer, le roi s'empresse de visiter le solitaire. Il trouve saint Gilles
en prière et la biche étendue à ses pieds. Ému par
ce spectacle, il tombe à genoux et implore son pardon. Ce n'est pas assez de l'avoir obtenu pour cette
offense involontaire. Wamba, après s'être humilié,
se montre généreux et magnifique. Il fait don à
saint Gilles de la vallée Flavienne et y ajoute tout
l'argent nécessaire pour y bâtir une abbaye. Cette
munificence royale touche moins notre saint que
la crainte de se voir encore exposé aux regards des
hommes. Il redoutait par dessus toute chose « *cette
hauteur du jour* » (2), qu'il avait fuie au prix de
tant de sacrifices.

(1) *Saint Gilles et son culte*, par Jules de Kerval, p. 6.
(2) « *Ab altitudine diei timebo.* » Ps. LV. 4.

FONDATION D'UN MONASTÈRE DANS LA VALLÉE FLAVIENNE (674).

La sainteté a pour caractère essentiel la soumission aux desseins de la Providence. Elle voit dans les causes secondes les moyens dont Dieu se sert toujours pour arriver à ses fins. Wamba peut donc élever dans la vallée Flavienne un monastère, à la place de l'humble grotte du solitaire. Saint Gilles accepte tout ; là il vient de voir le « *doigt de Dieu* (1). »

Bientôt de nombreux disciples accourent se placer sous sa direction. Le redoutable fardeau du sacerdoce lui est imposé ; il est élu Abbé du monastère ; et désormais, père des âmes, il va en remplir vis-à-vis de ses enfants la sublime et salutaire mission.

Saint Gilles est destiné à occuper une grande place dans les fastes de l'Église. Il se rend à Rome, en 684, pour visiter le Souverain Pontife Benoît II.

(1) « *Digitus Dei est hic.* » Exod., VIII, 19.

Afin de montrer son attachement inviolable à l'Église de Dieu, il remet entre les mains du Vicaire du Christ les possessions considérables qu'il venait de recevoir du roi Wamba. Une bulle du 20 avril 685 relate ce témoignage de soumission et de générosité filiales. En retour d'une si noble conduite, le Siège Apostolique condescend aux vœux de saint Gilles : son monastère est placé sous la juridiction immédiate des Pontifes Romains.

SAINT GILLES ET CHARLES MARTEL

Mais l'œuvre de saint Gilles devra passer par le feu de l'épreuve et de la tribulation. Les farouches sectateurs du Coran venaient d'envahir l'Arabie. L'Asie et l'Afrique avaient accepté leur joug odieux, et le calife de Damas se promettait de soumettre l'Europe entière. A la tête d'une armée formidable Zama a franchi les Pyrénées (719) : les églises sont détruites, les monastères démolis ; les villes ravagées. C'était partout massacres horribles, la terre était inondée de sang humain (1).

(1) Bolland., *Septembre*, t. 1. col. 293.

Saint Gilles est rempli d'effroi à la pensée des malheurs dont ses fils sont menacés. Emportant les reliques et les vases sacrés, il fuit cette terre que l'impie Musulman va bientôt profaner. Il se réfugie vers Orléans, où le duc d'Austrasie tenait sa cour. Charles-Martel prend saint Gilles et les siens sous sa protection ; et bientôt, aidée par les prières des enfants de l'Église, l'armée chrétienne est victorieuse des soldats de Mahomet.

SAINT GILLES EN ESPAGNE

C'est sans doute à cette époque qu'il faut rapporter le séjour que St Gilles fit en Espagne, cette vieille terre de la fidélité, travaillée, hélas! aujourd'hui, comme les autres contrées du globe, par tous les souffles de tempête de la révolution cosmopolite. C'est une tradition reçue en Espagne et dans les contrées qui l'avoisinent, que St Gilles l'a visitée et l'a habitée pendant quelques temps. La montagne de Nuria lui offrit pour demeure une grotte profonde. Sanctifiée par la présence de notre Saint, elle fut illustrée par un nombre considérable de prodiges. Il n'entre pas dans notre sujet de nous étendre beaucoup sur ce détail, si intéressant toutefois, de la vie de notre grand patron, mais il ne nous a pas paru possible de le passer sous silence.

Un livre manuscrit de la plus haute antiquité est la première preuve qu'apportent les auteurs espagnols en témoignage du séjour de saint Gilles en Espagne. Une sainte et miraculeuse image de Marie, attribuée à saint Gilles, fut trouvée dans la grotte de Nuria. Ce livre, cette image, le récit des miracles opérés par le Saint, le nom que porte la grotte, tout concourt à attester le passage de saint Gilles.

La fontaine qui coule près de la grotte porte aussi le nom de fontaine de St Gilles, et l'on voit les pèlerins accourir des régions les plus lointaines pour se désaltérer à ces eaux sanctifiées par la présence de notre saint patron.

A la date du 8 mai 1338, le Pape Benoît XII, résidant alors à Avignon, publie, à la demande de douze archevêques et évêques d'Espagne, une bulle accordant des indulgences à tous ceux qui feront l'aumône à la sainte maison de Nuria, « à la louange de Dieu le Père, le Fils et le Saint-

Esprit, de sa glorieuse Mère, des bienheureux apôtres St Pierre et St Paul et de St Gilles, sculpteur de la glorieuse image de Marie de Nuria, faite dans une très-grande antiquité, et que l'on vénère en un lieu appelé vulgairement les sept vallées de Nuria où la glorieuse Mère de Dieu continue d'opérer une quantité innombrable de miracles. »

Le souffle de la persécution avait arraché St Gilles à la vallée Flavienne, le même souffle le ramènera dans cette solitude qui a fleuri comme le lis sous l'influence de ses vertus. Son zèle apostolique le rendit odieux aux ennemis de l'Église, et il lui fallut hâter son retour dans la terre qui portait déjà son nom.

Le cruel Witissa, qui régnait en Espagne, s'était déclaré persécuteur acharné de la vraie foi. S'éloignant des traditions du bon roi Récarède, qui avait soumis l'Espagne à l'Église, il donnait le funeste exemple du plus honteux libertinage. St Gilles, à l'exemple de Jean-Baptiste, s'opposa aux désordres monstrueux qui se répandaient comme un torrent dévastateur. On résolut de le faire périr ; mais, suivant le conseil du divin Maître, il quitta cette terre inhospitalière et cruelle qui menaçait de le dévorer. St Gilles de retour d'Orléans et de Nuria, put, grâce aux largesses de Charles-Martel, relever les ruines de son monastère et s'y préparer un tombeau.

Associés pendant leur vie, les noms de Wamba, Charles-Martel et saint Gilles le sont aussi après leur mort dans la reconnaissance des peuples et de l'Église. Tous trois nous rappellent un admirable dévouement à la cause de Dieu et au bonheur des peuples. Avec quelle autorité ne condamnent-ils pas ces puissants du jour qui, au mépris de leur foi et des nobles traditions de leurs ancêtres, donnent la main aux spoliateurs sacriléges de l'Église, et vont, dans l'aveuglement de leur impiété, jusqu'à dépouiller son chef visible de cette royauté temporelle, condition nécessaire à l'exercice de son autorité spirituelle et infaillible (1) !

(1) Discours du Souverain Pontife aux élèves des colléges étrangers, 21 juillet 1876 : « Je ne cesserai jamais de répéter que le pouvoir temporel est nécessaire au Saint-Siége dans l'ordre actuel de la Providence. »

MORT DE SAINT GILLES

Saint Gilles put jouir quelques années encore du fruit de ses travaux, heureux de la paix et de la concorde qui régnaient au milieu de ses enfants. Mais l'heure de la mort est arrivée. Il s'écrie avec la même joie que le Prophète : « Je mourrai dans le petit nid que je me suis bâti (1), » oubliant ces autres paroles : « Et ma gloire se renouvellera d'âge en âge dans la postérité (2). »

Instruit par Dieu du moment de sa mort, comblé de grâces et l'âme inondée d'une joie céleste, saint Gilles s'endort paisiblement dans le Seigneur le 1ᵉʳ septembre 721.

St Gilles eut pour successeur dans sa charge d'abbé le moine Atticus. Après lui, durant une période de 817 années, de 521 à 1538, époque de la sécularisation du monastère par Paul III (17 août 1538), tous ses successeurs, jusqu'à Jean-Théodore

(1) *In nidulo meo moriar.* Job, xxix, 18.
(2) *Gloria mea semper innovabitur.* Ibid., 20.

de Clermont qui fut le dernier, se montrèrent, dans l'exercice de cette charge, dignes par leurs vertus d'un tel honneur.

SAINT GILLES ET L'ORDRE MONASTIQUE

St Gilles a donc appartenu à l'ordre monastique, il en a été une des gloires les plus pures. Descendant des princes d'Athènes, il a recueilli à son tour, dans cette vie humble et cachée, plus de gloire que ne lui en eût offert le monde avec toutes ses richesses.

N'en soyons pas surpris, il a embrassé cette vocation sublime à laquelle le Christ, son divin fondateur, a voulu attacher toutes les bénédictions de la terre et du ciel, « ici-bas le centuple et la vie éternelle. »(1) N'est-ce pas pour cette raison que le monde et l'enfer jaloux, ont voué une haine implacable aux moines, ces valeureux soldats du Christ, qui portent, dans leur vie humble et pénitente, l'étendard du grand Roi déployé à tous les vents du Ciel,

_____

(1) *Centuplum accipiet, et vitam æternam possidebit.* (Math., XIX, v. 29.

et sur lequel on lit ces mots, terreur de l'enfer et condamnation du monde : pauvreté, obéissance, chasteté?

Et cependant, n'est-ce pas à la vie religieuse que le monde est redevable des plus grands, des plus nombreux bienfaits?

Oui, le monde, et tout particulièrement notre France, lui doivent ses plus grands hommes, ses plus florissantes cités, ses plus belles institutions. Que l'on déploie la carte de l'ancienne France, a dit un célèbre auteur (1), on y rencontrera à chaque pas des noms d'abbayes, de couvents, d'ermitages, qui marquent l'emplacement d'autant de colonies monastiques. Quelle est la ville qui n'ait été fondée ou enrichie par quelque communauté ? Quelle est l'église qui ne lui doive un patron, une relique, une pieuse et populaire tradition ?

INFLUENCE DES MOINES

La solitude, on l'a dit, est la patrie des forts ; le silence, leur prière (2). Comment donc ces natures

(1) Le comte de Montalembert.
(2) P. de Ravignan ; *De l'Institut des Jésuites*, p. 31.

d'élite, retrempées à chaque instant dans cet élément surnaturel et fécond de la solitude et de la prière, n'auraient-elles pas enfanté des prodiges et produit des merveilles ! Oui, sans doute, le contraire serait plus étonnant que la chose elle-même, et osons le répéter à ce siècle contempteur du passé : les moines furent les bienfaiteurs de leurs semblables, la gloire de leur patrie, l'honneur de leurs peuples.

Quel service rendu à la civilisation en préservant du naufrage de la barbarie les lettres et les sciences, et en les dotant des productions incomparables de leur génie !

Et cependant, il faut remarquer ici, avec le savant Mabillon (1), que les communautés monastiques n'ont pas été établies pour être des académies de science, mais de vertu, et que l'on n'y faisait cas des sciences qu'autant qu'elles pouvaient contribuer à la perfection religieuse ou à l'édification du prochain.

Ce qui a donné naissance à ces saints établissements, c'est l'amour de la retraite et de la vertu, le

(1) Mabillon, *Études monastiques*, p. 1.

mépris des choses du monde, la fuite de sa corruption, le renoncement à soi-même, et, par-dessus tout, le désir de se livrer à Jésus-Christ en quittant tout pour le suivre.

INFLUENCE DES MOINES SUR LES ARTS

Leur influence sur les arts n'est pas moins incontestable. On a pu même dire qu'ils ont eu plus d'attraits pour les arts que pour les sciences. Ne sont-ils pas, en effet, l'efflorescence la plus pure de la pensée religieuse ?

Aucun n'ignore la part immense que les moines ont prise dans le progrès des arts libéraux. Il faudrait des volumes entiers pour citer les chefs-d'œuvre qu'ils ont produits. La musique a-t-elle jamais résonné d'une manière plus émouvante que sous les voûtes des églises des monastères ? L'architecture ne s'est-elle pas surpassée dans ces poëmes religieux écrits sur ces forêts de pierres qui s'élèvent vers les nues, en y portant, avec la pensée immobilisée de l'homme, les accents de la prière la plus sublime et la plus puissante !

Toiles inspirées par le génie des moines, ne semblez-vous pas encore après des siècles, parler à l'homme qui vous contemple ? Ah ! c'est que l'âme du religieux ne dirigea jamais son pinceau sur la toile qu'après avoir parlé à Dieu en implorant ses lumières. Faut-il dès lors s'étonner que, sous l'influence de cette lumière céleste, ces pinceaux aient en quelque sorte participé à la puissance créatrice de Dieu même ?

Mais le travail préféré du moine était le travail des mains, sans doute parce que c'est le travail imposé par Dieu à l'homme pécheur : Tu gagneras ton pain à la sueur de ton front : « *In sudore vultus tui vesceris pane* (1). » N'est-ce pas le travail qui laisse à l'esprit une plus grande liberté pour la prière, au cœur plus de ressources pour s'élever à la contemplation de Dieu même, dans ce miroir resplendissant de la nature où veut se peindre la Beauté incréée ?

(1) Gen. III, 19.

INFLUENCE DES MOINES SUR L'AGRICULTURE

Quel exemple admirable donné à notre siècle sensuel, que celui de ces légions de moines, dont plusieurs descendaient des marches d'un trône ! Ils se dirigent avec bonheur vers les campagnes les plus incultes, emportant le printemps de leur vie aux déserts les plus sauvages ; ils les cultivent en s'y sanctifiant, parce que l'air qu'on y respire est plus pur, parce que Dieu s'y fait sentir plus intimement à l'âme : « *In solitudine aer purior, Deus animæ propinquior* (1). » Tels les triomphateurs romains appliquaient leurs mains victorieuses des ennemis de la patrie à l'humble et fortifiant labeur des champs, et c'est à la charrue qu'on allait les reprendre lorsqu'on avait besoin de nouvelles victoitoires. Ainsi de nos moines, triomphateurs plus héroïques, plus valeureux encore, car leurs ennemis c'était le monde, c'étaient les démons et leur propre

(1) S. Bernard.

cœur, dont ils devenaient les maîtres. Aussi quels succès ont couronné leurs efforts !

Le tiers du territoire de la France a été mis en culture par les moines. Pour ne parler que de St-Gilles, regardez ces magnifiques campagnes qui s'étendaient jusqu'à la Méditerranée ; les moines ont défriché ce sol autrefois inculte et en ont fait un des pays les plus fertiles. Et ailleurs, le mont Cassin, en Italie, n'était qu'une profonde solitude quand saint Benoît s'y retira. Ce pays changea de face en peu de temps. Saint Boniface commença toutes les cultures dans les quatre évêchés de Bavière. Les Bénédictins de Fulde, défrichèrent dans la Hesse et la Thuringe, un terrain bientôt couvert de dix-huit mille métairies. Les moines de saint Benoît, près de Mantoue, employèrent au labour plus de trois mille bœufs, a dit le célèbre auteur du *Génie du christianisme*.

Le spectacle de plusieurs milliers de religieux cultivant la terre, mina peu à peu ces préjugés barbares qui attachaient le mépris à l'art qui nourrit les hommes. Le paysan apprit dans le monastère à fertiliser le sillon. Les moines furent donc réellement les pères de l'agriculture, et comme laboureurs eux-mêmes, et comme les maîtres de nos laboureurs (1). Aussi quel respect pour ces maîtres et les outils de labour sanctifiés au contact de ces mains! Au VIe siècle, un moine du nom de Théodulphe, qui s'occupait d'agriculture, s'étant reposé un jour pour réparer sa charrue, les paysans, dans un élan de respect pour ce saint personnage, la prirent pour la suspendre dans leur église comme une relique. « Noble et sainte relique, nous écrierons-nous avec le comte de Montalembert, que je baiserais aussi volontiers que l'épée de Charlemagne et la plume de Bossuet ! »

Peut-on, de nos jours encore, songer à nos couvents de Trappistes, à nos Chartreuses, sans se sentir profondément ému ? Peut-on les visiter sans en sortir meilleur ? Quel exemple donné aux libres-penseurs dont la vie peut se résumer en ces trois mots : orgueil, cupidité, sensualisme, par ces héros dont l'abnégation et la vertu ne connaissent point de limites. Aussi, le protestant Johnson a-t-il écrit :

(1) Chateaubriand, *Génie du Christianisme.*

« Je ne rencontre jamais un anachorète sans lui baiser les pieds, ni un monastère sans tomber à genoux
pour en baiser le seuil. »

Nous aussi, nous aurions volontiers baisé les
pieds de cet intrépide chrétien qui, du fond de la
Russie, arrivait, il y a quelques années, à la Grande
Chartreuse pour changer ses décorations et son titre
d'aide-de-camp de l'empereur contre la bure et le
titre de novice de saint Bruno (1). Volontiers nous
aurions baisé les pieds de cet humble religieux de
la Trappe qui nous avouait ingénument dans la
réponse provoquée par une de nos interrogations
que, tout frêle et délicat qu'il était, il avait dû, peu
habitué cependant au travail des champs, garder
pendant toute une semaine ses habits trempés de
sueur aux jours de la moisson. Nous nous rappe-
lions alors avec attendrissement que saint Bernard
versait des larmes de ne pouvoir travailler aux champs

(1) Un religieux de la Chartreuse de Montreuil-sur-Mer,
ancien général russe, s'était présenté au Czar pour lui donner
sa démission. Le Czar lui avait répondu avec colère : « Comment ! Vous voulez en servir un autre ? Et qui ? — Dieu,
sire. — Alors je vous conserve votre traitement. » — (Le
Pèlerin, août 1878).

avec ses frères parce que les forces lui manquaient ;
et qu'avant lui saint Augustin regrettait que le fardeau de l'épiscopat ne pût lui permettre de se livrer
aux travaux des prêtres de sa communauté. Ils
souffrent, on l'a dit, mais ils sont heureux ces héros chevaleresques et sacrés. Il est suave sous son
écorce amère, le fruit qu'il ont cueilli sur l'arbre de
la douleur. Homme d'abnégation et de travail, le
moine était encore l'homme de la prière et de la
charité, l'homme heureux dans sa paix, l'homme
qui sait aimer et comme il faut aimer, au point que,
subjugués par la vue de cette paix céleste des hommes
du siècle se sont avoués impuissants à s'arracher à
ces douceurs après les avoir goûtées un seul jour.
Que d'exemples à citer ! C'est sans doute sous l'empire de ces pensées qu'un poète que l'on ne saurait
taxer de mysticisme écrivait ces vers :

> Cloîtres silencieux, voûtes des monastères,
> C'est vous, sombres caveaux, vous qui savez aimer,
> Ce sont vos froides nefs, vos parvis et vos pierres,
> Que jamais lèvre en feu n'a baisés sans pâmer ;
> Trempez-leur, vous, le front dans vos eaux baptismales,
> Dites-leur donc un peu ce qu'avec vos genoux,

Il leur faudrait user de pierres sépulcrales,
Avant de soupçonner qu'on aime comme vous.
Oui, c'est un vaste amour qu'au fond de vos calices
Vous buviez à plein cœur, moines mystérieux,
Vous aimiez ardemment ! ah ! vous étiez heureux ! (1).

Comment expliquer après cela cette haine satanique des ennemis irréconciliables de l'Église contre les ordres religieux ? Nous ne nous arrêterons pas à cette parole sévère d'un auteur, juste admirateur des ordres monastiques et vengeur des outrages dont notre société moderne s'est rendue coupable envers eux : « Vous serez condamnés à bâtir des bagnes avec les ruines des couvents détruits. » Mais nous répéterons avec autant de vérité et avec plus de bonheur ces paroles d'un apologiste allemand sur les moines : « L'exemple de ces hommes saints et de ces femmes pieuses, ne cherchant que l'unique nécessaire, a eu une influence immense. Quand ces âmes sublimes, quand ces grands cœurs firent défaut ; quand les sociétés religieuses ne furent plus que des formes vides, les couvents des demeures

(1) A. de Musset, *Rolla*.

solitaires ; quand l'esprit du siècle pénétra dans les sanctuaires de prière, de chasteté, de travail, et les renversa de son souffle mortel, alors le monde lui-même tomba dans le marasme ; la société affadie s'affaissa dans l'unique préoccupation des jouissances terrestres, la science s'arrêta à l'horizon borné de ce monde. Mais peu accessible à cet ordre d'idées que repousse aveuglément la libre-pensée, elle en vient aujourd'hui, au nom de la liberté, jusqu'à contester aux moines le droit de vivre de la vie qui leur est propre, et ne leur accorde le privilège de ne pas être expulsés de leur pays qu'à une condition, c'est qu'ils cesseront de porter le nom de moine, de se vêtir de l'habit de moine, et de vivre avec des hommes de même condition. » Nous ne saurions mieux répondre à ces prétentions qu'en invoquant le témoignage d'un homme peu suspect aujourd'hui en fait de tolérance vis-à-vis de la religion. Après avoir lu ces lignes osera-t-on préparer des listes de proscription ?

« Des hommes se réunissent et habitent en com-
« mun, en vertu de quel droit ? En vertu du droit
« d'association. Ils s'enferment chez eux, en vertu

» de quel droit ? En vertu du droit qu'a tout hom-
» me d'ouvrir ou de fermer sa porte. Ils ne sortent
» pas, en vertu de quel droit ? En vertu du droit
» d'aller et de venir, qui implique le droit de rester
» chez soi. Chez eux que font-ils ? Ils parlent bas,
» ils baissent les yeux, ils renoncent au monde,
» aux villes, aux sensualités, aux plaisirs, aux or-
» gueils, aux intérêts ; ils sont vêtus de grosses
» laines ou de grosses toiles. En entrant là, ce-
» lui qui était riche se fait pauvre, ce qu'il a, il le
» donne à tous. Celui qui était ce qu'on appelle noble,
» gentilhomme ou seigneur est l'égal de celui qui
» était paysan. La cellule est identique pour tous.
» Tous subissent la même tonsure, portent le même
» froc, mangent le même pain noir, dorment sur la
» même paille, meurent sur la même cendre. Ils ont le
» même sac sur le dos, la même corde autour des
» reins. Si le parti pris est d'aller pieds-nus, tous
» vont pieds-nus. Plus de titre : les noms de famille
» même ont disparu, il ne portent que des prénoms.
» Tous se courbent sous l'égalité du nom de bap-
» tême. Ils ont dissous la famille charnelle et cons-
» titué dans leur communauté la famille spirituel-

» le. Ils n'ont d'autres parents que tous les hom-
» mes. Ils secourent les pauvres, ils soignent les
» malades, ils élisent ceux auxquels ils obéissent.
» Ils se disent l'un à l'autre : mon frère ; ils prient,
» qui ? Dieu (1). »

Les esprits irréfléchis disent : A quoi bon ces figures immobilisées du côté du mystère ? à quoi servent-elles ? qu'est-ce qu'elles font ? — Il n'y a pas d'œuvre plus sublime que celle que font ces âmes. Il n'y a peut-être pas de travail plus utile. Ils font bien, ceux qui prient toujours pour ceux qui ne prient jamais (2).

Nous ne saurions mieux terminer ce chapitre

(1) Victor Hugo.

(2) A l'heure qu'il est, grâce à l'enquête ordonnée par MM. de Marcère et Bardoux, les ennemis de l'Église, et partant des ordres monastiques, savent que le costume religieux est porté en France par 3o,287 hommes et 123,959 femmes. Ajoutez à ce nombre les 5o.ooo prêtres du clergé séculier, et vous aurez l'état-major de la société religieuse en France, soit pour tout le chiffre 2oo.ooo.

Nos radicaux sont effrayés de ce chiffre, qui leur paraît formidable ; et pourtant la France compte 37 millions d'habitants. Il n'y a pas de quoi trembler : après tout cela ne fait qu'un prêtre, ou religieux ou religieuse pour 185 laïques. Néanmoins, avouons-le, MM. les radicaux n'ont peut-être pas tous les torts d'avoir peur ; les 2oo,ooo sont une élite. Or, on veut frapper l'Église dans son armée d'élite, les congré-gations religieuses. Nous allons assister, peut-être bientôt, à

qu'en rapportant les paroles que le grand pape Pie
IX adressait à d'humbles religieux quelque temps
avant sa mort.

Quatorze vieillards, grands, austères, silencieux,
étaient réunis dans la salle du trône, au Vatican.
Ils formaient un groupe admirable, dont les blancs
vêtements tranchaient sur la pourpre des tentures
environnantes, comme ces majestueuses processions
de saints qui se détachent sur l'azur profond des
vieilles absides byzantines. C'étaient les abbés de la
Trappe qui venaient de tenir leur chapitre général aux *Trois Fontaines*, près de la borne romaine
sur laquelle fut décapité S. Paul.

Pie IX, après avoir écouté les paroles du général
de l'ordre, répondit en ces termes ; « Mes chers fils,

ce spectacle, qui enlevait l'admiration de Platon, du juste
aux prises avec l'iniquité, de la faiblesse avec la force Savez-
vous ce que vous allez frapper en enlevant la vie aux congré-
gations religieuses ? Vous frappez la prière, vous frappez Dieu
qui est l'objet premier des engagements de conscience de
chaque membre des congrégations. Vous frappez le pauvre,
nourri. soigné par des cœurs qui lui sont dévoués par amour
pour Dieu ; vous frappez le malade au service duquel l'hos-
pitalière consacre ses jours, ses nuits, sa vie entière ; vous
frappez l'enfant, et surtout le fils et la fille du pauvre, qui
trouve auprès du cher frère ou de la bonne sœur le pain de
l'intelligence et, ce que ne lui fourniront jamais vos institu-
teurs et vos institutrices : le pain du cœur !

« dans les premiers âges de l'Église, les âmes qu'ef-
« frayait l'épreuve sanglante du martyre fuyaient
« au désert ; et là, leurs prières incessantes, leurs
« pénitences, leurs héroïqnes vertus appelaient les
« bénédictions du ciel et soutenaient le courage de
« l'Eglise opprimée.

« Aujourd'hui, la persécution est plus perfide :
« elle s'attaque tout d'abord au désert, elle pros-
« crit vos asiles sacrés, elle vous empêche de lever
« vos mains vers le ciel, elle a peur de vos expia-
« tions et de vos pénitences, elle vous refuse vos
« coins de terre pour y louer en paix le Seigneur.
« Faites-vous donc, fils bien-aimés, une solitude
« que l'homme ne puisse jamais atteindre, dans le
« secret d'un cœur pénétré de foi. Là, vous trou-
« verez le cœur de Jésus-Christ, toujours près du
« vôtre, pour vous encourager, pour vous soutenir,
« pour vous montrer le ciel. C'est en son nom, fils
« bien-aimés, que je vous bénis, afin que vous
« soyez digne des héroïques vertus de vos prédé-
« cesseurs. »

. . . .

Et la procession blanche retourna au désert.

CHAPITRE SECOND

RAPIDE PROPAGATION DU CULTE DE SAINT GILLES

> « *Justorum semita quasi lux splendens, procedit et crescit usque ad perfectam diem.* »
>
> « Le sentier des justes est comme une lumière brillante qui s'avance et qui croît jusqu'au jour parfait. »
>
> Prov. iv, 18.

SAINT GILLES PLACÉ AU NOMBRE DES SAINTS

Nous avons montré la gloire de saint Gilles pendant les jours de sa vie mortelle. En vain s'est-il efforcé de la fuir : la gloire s'est attachée à ses pas, et elle vient couronner son tombeau.

La foi des peuples proclame bien haut la sainteté de saint Gilles. La voix des Souverains Pontifes, la seule qui prononce en dernier ressort et qui soit infaillible, approuve ce titre et le sanctionne. Jean VIII, dans deux bulles datées de 878, place saint Gilles au nombre des saints. Son nom est invoqué, sa mémoire est en vénération, et de tous côtés on accourt, dans les afflictions et les maladies, pour implorer sa puissance.

Des miracles éclatent autour de son tombeau et augmentent, en la récompensant, la confiance des peuples. Des flots de pèlerins se pressent de toute part et viennent offrir chaque jour à ce sépulcre, devenu glorieux (1), l'hommage de leur foi et de leur amour. Bientôt le monastère ne suffit pas à recueillir les âmes jalouses de vivre à l'ombre de cette tombe illustre. Une ville se forme autour de l'abbaye et devient une des cités les plus populeuses du Midi de la France.

(1) *Et erit sepulchrum ejus gloriosum.* » Is., XI, 10.

PROSPÉRITÉ DE LA VILLE
ET DU PÈLERINAGE DE SAINT GILLES

Plusieurs chartes du moyen-âge, citées par Mabillon, désignent le tombeau de saint Gilles comme un des trois grands pèlerinages d'Occident. « Les « pèlerins, y est-il dit, visiteront les sanctuaires « des saints, c'est-à-dire celui de la bienheureuse « Vierge Marie et de saint Pierre à Rome, celui de « saint Jacques de Compostelle et celui de saint « Gilles. »

A la multitude de pèlerins qui s'acheminaient vers le tombeau de saint Gilles, se mêlaient des personnages de la plus haute distinction. Nous pouvons citer le roi Robert, au commencement du XIe siècle, les comtes de Toulouse, Philippe, comte de Flandre, en 1170 (1).

Parmi les conditions d'un traité conclu en 1326, entre le roi Charles-le-Bel et les Flamands, on re-

(1) Hist. des Gaules et de France, par les Bénédictins T. **X**, p. 114, etc.

marque cette clause singulière, que les habitants de Coutrai et de Bruges devront envoyer trois cents pèlerins à St-Gilles et à d'autres sanctuaires fréquentés (1).

A ces témoignages précieux s'ajoute celui des papes. Dans plusieurs bulles que possède encore l'église de St-Gilles, Urbain II, Adrien IV, Grégoire IX et Innocent IV placent le pèlerinage de St-Gilles au rang des plus célèbres de la chrétienté.

Sous l'impulsion puissante de la papauté, la ville de St-Gilles devenait de jour en jour plus florissante. Elle était administrée souverainement par des consuls élus par les notables, et l'on voyait avec admiration se conserver et s'accroître dans son sein

(1) *Hist. de Nîmes*, par Ménard, t. II. Preuves, p. 56.

En 1871, on a découvert dans la Loire, parmi les objets trouvés par les dragueurs, près le vieux pont d'Orléans, l'enseigne de Saint-Gilles, témoignage authentique des pèlerinages accomplis, dans le moyen-âge, par les peuples du Nord, au tombeau du grand Saint.

M. l'abbé Desnoyers, vicaire-général d'Orléans, a bien voulu nous communiquer ce précieux document. C'est une médaille sur laquelle se trouve gravée l'image de saint Gilles, tenant une crosse à la main et ayant la biche légendaire à ses côtés. Autour de la médaille on lit l'inscription : *Sanctus Egidius*.

deux biens après lesquels aspire vainement notre société moderne : la liberté et la paix.

Telle avait été la volonté expressément affirmée par Benoît II, dans sa bulle d'acceptation de la donation du monastère, en date du 26 avril 685. — « Nous voulons, avait-il dit, que ce lieu et toutes « ses dépendances demeurent toujours libres et « jouissent de la paix. » Précieuse leçon donnée à notre siècle, auquel on voudrait faire entendre que l'autorité de l'Église, acceptée par les peuples, doit nécessairement produire la servitude ou la guerre !

La vallée Flavienne, que l'on a vue, pareille à ce désert dont parle le prophète *tressaillant d'allégresse et fleurissant comme un lis* (1) se couronna bientôt des fruits merveilleux de la civilisation chrétienne. Les Templiers élèvent à St-Gilles de grands établissements. Nous y voyons ensuite fleurir l'ordre de St-Jean de Jérusalem. Il y établit un des grands prieurés de la langue de Provence ; cinquante-quatre commanderies en dépendent, et plu-

---

(1) « *Lætabitur deserta et invia et exultᵃ florebit sicut lilium.* (Is. xxv, 1).

sieurs grands-maîtres de l'ordre se feront gloire d'en être sortis.

« L'art, » on l'a dit, « y rivalisait avec le com-
« merce des Croisades. Les lettres et les sciences
« avaient aussi leurs représentants à St-Gilles. Dès
« le XIIe siècle, la ville possédait une école de
« grammaire, de rhétorique et de dialectique. Les
« moines, fidèles aux traditions bénédictines, dis-
« tribuaient avec une égale largesse le pain du corps
« et de l'âme, l'aumône et la vérité. Enfin St-Gilles
« reçut souvent dans ses murs les papes, qui, chas-
« sés de Rome par la révolte ou par le schisme,
« s'empressaient d'aborder aux rivages hospitaliers
« de la France, si bien appelée par Baronius « le port
« de la barque de Pierre pendant l'orage. » Ainsi
« a-t-on pu ajouter à la gloire de Saint-Gilles. Les
« pèlerinages et les Croisades, les arts et les scien-
« ces, les moines et la papauté, c'est-à-dire toutes
« les gloires de l'Église et de la société au XIIe siè-
« cle, projetaient leur éclat sur St-Gilles pour en
« faire une illustre patrie (1). »

(1) *Vie du bienheureux Reginald, de St-Gilles*, chap. I, page 17.

Bourges sc.   Imp. Ch. Delâtre

CRYPTE DE St GILLES.

CRYPTE DE SAINT GILLES

Comment la reconnaissance des peuples ne se serait-elle pas manifestée avec éclat envers cet insigne bienfaiteur? Elle se traduisit par un de ces actes qui montent, dans leur magnificence, presque à la hauteur des bienfaits reçus.

Nous voulons parler de cette crypte incomparable où repose le tombeau du grand Saint. Elle existe encore, mutilée, dépouillée des ornements qu'y avaient prodigués la piété des habitants et la ferveur des pèlerins de toutes les contrées de l'Europe. Mais, depuis quelques années, elle a vu « *sa jeunesse se renouveler comme celle de l'aigle* (1). Son tombeau, voilé pendant trois siècles par les nuages qu'avait amoncelés autour de lui la haine de l'hérésie, a répandu en sortant de ses ruines, la lumière et la splendeur sur les murs désolés de ce riche monument.

(1) « *Renovabitur ut aquilæ juventus tua* », Ps. cii, 5.

La construction de la crypte date du XIe siècle. L'autel majeur en fut consacré par le pape Urbain II, en 1095. L'église haute qu'elle était destinée à soutenir,.devait être, dans la pensée d'un grand pape, la plus belle basilique des Gaules, en son genre (1).

« La crypte ne s'étend pas sous toute la superfi-
« cie de l'église haute ancienne. Elle correspond
« exactement aujourd'hui à la partie réédifiée, c'est-
« à-dire aux deux tiers de l'ancien monument.

« Cette crypte, avec ses voûtes surbaissées, à arê-
« tes dentelées richement, avec ses pilastres massifs
« et ornés, ses fenêtres cintrées et artistement appa-
« reillées, son puits devenu tristement historique,
« ses escaliers et rampes d'accès à l'église haute,
« présente un caractère mystérieux, particulier, qui
« impressionne vivement tout visiteur. Elle se
« compose de six arcades ou entre-colonnements.
« Au centre, l'arcade est d'un style sévère, mais tout
« simple, qui contraste singulièrement avec la ri-
« chesse de décorations des trois arcades qui la.

(2) *Si perficeretur similis structurá in toto Galliæ regno non inveniretur.* (Jules II).

précèdent et des trois arcades qui la suivent.
« Cette arcade centrale a tout l'air d'une hum-
« ble chapelle. Elle est à plein cintre, sans orne-
« ments d'architecture, tandis que les arcades qui les
« enveloppent et lui font un cortège d'honneur sont
« surbaissées et richement décorées. C'est au milieu
« de cette arcade que repose encore aujourd'hui le
« tombeau de saint Gilles (1). »

SAINT-GILLES PENDANT LES CROISADES

Le monastère de St-Gilles, qui fixait depuis des siècles les regards de la catholicité, allait être appelé à jouer un rôle plus éclatant à l'heure à jamais mémorable où l'Église précipitait l'Europe entière vers l'Orient. Urbain II, inspirateur et prédicateur infatigable des Croisades, ne demeura pas étranger à la gloire de St-Gilles.

Il célébrait, le 1er septembre 1094, au monastère de St-Gilles, la fête de ce grand Saint, pour lequel il

____

(1) *Extrait des notes de M. le capitaine* A. Delmas.

avait eu dès son enfance une dévotion tendre et fervente : « Je rends grâces à Dieu », écrivait le pape au Père Odilon, abbé de St-Gilles, « de ce que, dans « sa miséricorde, il a daigné m'amener à votre mo- « nastère pour y célébrer avec vous la solennité de « saint Gilles. Depuis ce jour ma dévotion à ce « grand Saint n'en est que plus ardente, et par là « aussi est plus vif l'intérêt que m'inspire le monas- « tère dont il fut le fondateur. Nous voulons le « conserver comme la prunelle de l'œil (1). »

Ainsi parlaient de saint Gilles et de son monastère les pontifes de Rome ; leurs témoignages sont conservés dans le bullaire original que possède encore l'antique basilique.

La confiance et l'amour des papes pour saint Gilles se rapportent à tout ce qui rappelle son nom et fait revivre, dans quelque mesure, sa grandeur et ses vertus. Le 12 septembre 1094, Urbain II traversait Avignon, la future cité des papes, d'où il datait un diplôme en faveur du monastère de St-Gilles (2).

(1) Darras. *Hist. gén. de l'Église*, t. 23, p. 257.
(2) Darras, *ibid*.

Plus tard ce même pape a-t-il une mission importante à confier à un homme capable, par ses bonnes qualités, de la remplir, c'est à l'abbé de St-Gilles, Odilon, qu'Urbain II s'adresse. Il l'appelle « son vénérable frère », et le charge de rappeler au devoir le roi de Hongrie, Colomann, qui avait malheureusement pactisé avec le schisme et le Néron de l'Allemagne (1).

Les priviléges accordés par les papes au monastère de St-Gilles portèrent leurs fruits. Un accroissement de piété pour son pèlerinage, toutes les grandeurs du XIIe siècle prosternées devant ce tombeau, des milliers de pèlerins répandant au loin l'amour de saint Gilles, qu'ils avaient puisé auprès de ses reliques sacrées : tel fut l'heureux effet des bénédictions pontificales.

Toutes ces gloires nous paraissent se résumer dans un des héros de la première croisade, le comte Raymond IV de Toulouse. Le culte profond qu'il avait pour saint Gilles lui fit préférer ce nom à celui, cependant si glorieux, des comtes de Tou-

(1) Darras, *ibid.*, p. 224.

louse: l'illustre croisé ne voulut s'appeler que Raymond de Saint-Gilles.

Un prodige opéré devant l'armée chrétienne après la prise de Nicée, devait encore augmenter la confiance que les peuples et les rois témoignaient en saint Gilles. « Le comte de Toulouse, atteint d'une
« maladie mortelle, venait de recevoir les dernières
« onctions des mains de l'évêque d'Orange. Ce fut
« alors dans l'armée un désespoir comme il ne s'en
« verra jamais.

« Dès le début de sa maladie, Raymond de Saint-
« Gilles avait vu arriver sous sa tente un chevalier
« saxon qui l'entretint à peu près en ces termes :
« A deux reprises, votre patron saint Ægidius m'est
« apparu : « Va trouver », m'a-t-il dit, « mon ser-
« viteur le comte Raymond de Saint-Gilles. Qu'il
« soit sans inquiétude sur l'issue de sa maladie, il
« recouvrera la santé. J'ai obtenu de Dieu cette
« grâce, et je continuerai à le protéger. » Le comte
« accueillit avec reconnaissance cette communica-
« tion. Son état, cependant, loin de s'améliorer, em-
« pirait tellement qu'on crut sa dernière heure ar-
« rivée. Mais Dieu avait voulu le conduire aux

« portes du tombeau pour mieux faire éclater la
« puissance de saint Gilles, que l'armée des Croi-
« sés se plut à bénir et à invoquer davan-
« tage (1). »

Un sentiment de tristesse amère succède à l'étonnement le plus profond, lorsqu'après avoir parcouru
l'appréciation des écrivains rationalistes sur les Croisades, on ne trouve chez eux que des motifs de blâme pour la pensée qui les enfanta, et pour les effets
qui en furent la suite.

Le nom de saint Gilles, si intimément lié à celui
des Croisades, nous autorise à venger en passant ces
guerres saintes dont les résultats furent immenses
pour le salut de la civilisation chrétienne.

La Palestine et ses sanctuaires, objets d'un ardent
amour pour les chrétiens, dès les premiers jours de
l'Église, indignement profanés par les infidèles ;
les fidèles de l'Orient persécutés par les farouches
sectateurs du Coran ; le mahométisme enfin se
dressant en regard du christianisme comme un rival
audacieux et une menace perpétuelle pour la foi du

(1) Darras *Hist. gén. de l'Église*, t. 23, p. 472.

monde chrétien : tels furent les motifs qui donnèrent lieu aux Croisades ? Or, ces motifs ne portent-ils pas avec eux leur pleine et entière justification ?

La France et l'Angleterre eurent la plus grande part dans ces luttes gigantesques. Les peuples germaniques, déjà entraînés par le schisme, vinrent les derniers. La fidélité à l'Église et au Saint-Siège furent le garant de ces entreprises hardies qui commencèrent, on l'a dit, par les victoires d'un Godefroy de Bouillon, le plus pur des chevaliers, refusant de ceindre le diadème là où le Sauveur avait porté la couronne d'épines, et qui se terminèrent par les plus glorieuses défaites du plus saint des rois. Les Croisades furent entreprises à une heure qui allait être le témoin d'une lutte terrible. Elles substituèrent l'amour du Christ et de l'Église aux vieilles haines, l'union au schisme ; elles rendirent plus indissoluble l'alliance de la chevalerie et de l'Église ; elles réalisèrent la sublime idée d'une famille européenne, en lui donnant un seul cœur, une seule âme, une seule tête : l'Église mère des nations, sous un seul chef, pasteur suprême des rois et des peuples, le Pape, sous un seul drapeau, la croix.

Que nous sommes loin des Croisades ! Quels seront les résultats des évènements qui préoccupent le monde ? Rassurons-nous toutefois et espérons. Le chef visible de l'Église offre au Ciel ses prières et ses larmes ; et de même qu'un jour Soliman disait : Je crains plus les prières du Pape que tous les efforts de l'armée ; Pie IX, successeur de saint Pie V, héritier de sa foi et de sa sainteté, prie pour l'Église. Sa prière, espérons-le, comme celle de son illustre patron, sauvera l'Europe de la domination musulmane, l'Église du schisme moscovite et la France de l'hérétique et implacable Allemagne.

Devant ces raisons et ces préoccupations trop légitimes des enfants de l'Église, il est donc très-facile d'oublier les reproches que l'on n'a pas craint de faire au Croisades, au point de vue surtout des sacrifices qu'elles ont imposés à l'Europe et en particulier à la France de Charlemagne et de St Louis. Non, que l'on ne vienne pas nous dire : Pourquoi tant d'or, pourquoi tant de sang prodigués dans ces entreprises aventureuses et inutiles ? Il nous serait alors glorieux de répondre avec un grand évêque : « Avec l'argent des Croisades, la France a

» acheté une influence qui dure encore après 600
« ans. Malgré nos fautes et nos écarts, le nom fran-
« çais couvre encore tout l'Orient de son prestige
« et de sa puissance. Ah ! que nos hommes d'État
« et nos financiers soient donc plus indulgents pour
« les siècles qui ont consacré l'argent de la France
« à lui conquérir de la gloire, et qu'ils réservent
« leur blâme pour les siècles inexcusables, si ja-
« mais il s'en trouvait de tels, qui ruineraient le
« pays en le déshonorant. Que l'on ne l'oublie pas,
« l'affermissement des trônes, la liberté des peuples
« ont été un des résultats des Croisades, et la littéra-
« ture, les arts, le commerce, l'agriculture, en ont
« retiré d'inestimables et merveilleux trésors. D'ail-
« leurs est-ce que le chrétien peut restreindre ses
« vues au temps présent et oublier l'horizon qui
« s'ouvre par delà la tombe ? Hommes du temps
« vous me parlez de chiffres, et moi homme de
« l'éternité je ne connais qu'un chiffre qui m'inté-
« resse et qui soit placé à ma hauteur, c'est le chif-
« fre éternel des élus (1). »

(1) Mgr Pie.

SAINT LOUIS ET CLÉMENT IV.

De tous les noms qui ont illustré à la fois la patrie et l'Église, nul ne peut égaler saint Louis ; et comme saint Gilles eut avec les Croisades des rapports intimes, nous ne serons pas surpris de voir le grand roi accomplir, avec son armée, un pèlerinage si célèbre et si cher à son cœur.

Aucun n'ignore que le secrétaire particulier de saint Louis et son ami, Guy de Foulques, qui passait pour le premier jurisconsulte de son temps, et qui, plus tard, devint pape sous le nom de Clément IV, était de St-Gilles. De là, sans doute, cette prédilection de saint Louis pour une ville à laquelle il devait tant, au double point de vue de sa foi et de son amitié.

Nous ne saurions écrire le nom de Clément IV sans nous arrêter quelques instant aux traits principaux de cette grande et illustre vie, qui mériterait plus qu'une notice rapide et incomplète. Nous espérons qu'une monographie plus digne de ce grand pontife paraîtra plus tard au milieu de nous. Saint-Gilles, on peut le dire. est rempli de sa gloire et son nom vénéré plane comme un astre radieux sur la cité qui l'a vu naître,

Clément IV, (Guido Fulcodi, ou Guy de Foulques), naquit au commencement du XIIIe siècle, à Saint-Gilles. Son père, gentilhomme d'une grande piété, alla finir ses jours, après la mort de sa femme, dans un cloître de Chartreux, se montrant par là digne d'un fils qui devait succéder à Urbain IV en 1265, et monter comme 189e successeur de saint Pierre sur la chaire pontificale. Mais avant de ceindre la tiare, Dieu voulut le faire toucher, ce semble, à toutes les conditions de la vie civile et humaine, pour qu'il les illustrât au contact de sa grande âme.

Guy de Foulques fut successivement militaire, jurisconsulte, secrétaire de saint Louis, marié, père de famille, veuf, prêtre, chanoine, archidiacre, évêque, cardinal et pape.

Est-il un pape, dans cette série de souverains pontifes, aussi nombreuse qu'illustre qui ait été décoré de tant de titres, et, ce qui est plus admirable encore, qui les ait tous honorés par les vertus et les mérites particuliers qui leur conviennent et les distinguent ? Il eut la valeur qui fait le soldat, la science du jurisconsulte consommé qui le fit surnommer par Durand : « la lumière du droit ». Il eut l'insigne honneur d'être le conseiller du plus sage et du plus valeureux des rois. Engagé dans les liens du mariage, il fut le modèle des époux par la pureté de ses mœurs et le dévouement le plus absolu à sa famille. Ses regrets après la mort de la femme vertueuse qu'il avait choisie pour la compagne de sa vie furent tels, qu'il honora sa mémoire par un deuil éternel, ne voulant d'autre alliance que l'union surnaturelle et divine contractée avec Dieu et l'Église par son entrée dans les saints ordres. Toutes les vertus sont sœurs, a dit Lacordaire, et quand on a illustré une vocation par l'accomplissement de toutes les vertus qu'elle exige, quelle présomption en faveur de l'homme qui, en embrassant un état plus sublime, y entre avec l'habitude du devoir, l'amour de la règle, la soif du sacrifice ! C'est une vie nouvelle, mais c'est le même cœur. Avant Guy de Foulques, les églises du Puy et de Narbonne n'eurent jamais de pasteur plus vigilant et animé d'un plus grand amour pour les âmes. Revêtu de la pourpre, il la regarda comme un engagement plus étroit encore à la pratique des vertus évangéliques, à une immolation plus grande de tout lui-même, à l'accomplissement des devoirs les plus austères. Cardinal évêque de Sabine, Guy de Foulques, fut envoyé en Angleterre en qualité de légat, et préluda à l'exercice de l'autorité pontificale par cette importante mission. Chargé de défendre les droits de Henri III contre Leicester, il lança l'excommunication contre ceux qui, au mépris de son autorité, s'étaient opposés à son débarquement. S'il ne fut pas assez heureux pour réussir et si l'obstination des esprits révoltés fit échouer pour un moment les énergiques efforts de son zèle, Foulques n'en reçut pas moins la récompense de sa noble conduite. Le conclave des cardinaux, réunis à Pérouse après la mort d'Urbain IV, fut unanime à élire le cardinal de Ste-Sabine pour pape, le 25 février 1265. L'histoire nous montre Guy de Foulques, alarmé de cette nouvelle, tombant aux pieds des cardinaux, les suppliant de rouvrir le conclave. Mais ces alarmes et ces refus ne prouvaient qu'une chose, l'excellence du choix qui avait été fait et les rares mérites du nouvel élu.

Clément IV fut un modèle accompli de toutes les vertus qui recommandent un chef de l'Église universelle à l'admiration des siècles chrétiens. Tout entier à cette grande sollicitude de toutes les églises qui incombe au vicaire du Christ, il ne permit à sa famille ni d'absorber son temps, ni de spéculer sur les ressources dont il pouvait disposer comme pape. Si l'on a reproché à quelques-uns des Pontifes romains d'avoir usé de trop de condescendance à l'égard de leurs parents, ne pourrait-on pas taxer Clément IV d'une vertu peut-être trop austère à l'égard des siens ? Il écrivit à son neveu Pierre le Gros quelque temps après son élection : « Bien des gens se réjouissent de mon élévation ; quant à moi, je n'y trouve qu'un motif de craintes et de larmes, car je sens toute l'énormité d'une charge pareille. Cette élévation ne doit être pour toi qu'un motif de t'humilier. Je défends à toi, à toi mon frère, à tous mes parents de me visiter sans mon ordre formel. Ne cherchez pas à marier plus avantageusement votre sœur par des espérances qu'on fonderait sur moi;

car je ne ratifierais pas un tel mariage et je ne pourrais rien faire en sa faveur. Que Mabille et Cécile prennent les maris qu'elles auraient obtenus si j'étais resté un simple ecclésiastique (1). »

En effet, il n'accorda à ses filles que ce qu'il leur aurait donné s'il était resté dans sa condition première ; aussi les aspirants disparurent, et ses deux filles se retirèrent dans l'abbaye de St-Sauveur, de Nîmes, où elles embrassèrent la vie religieuse. Il obligea un de ses neveux qui possédait trois bénéfices à en résigner deux, disant à ceux qui intercédaient en sa faveur : Ce n'est pas à la chair, ni au sang, mais c'est à Dieu qu'il faut que j'obéisse. Un de ses frères n'obtint de lui qu'une cure de paroisse. Mais en revanche sa libéralité se signalait en faveur des pauvres, et sa volonté ferme ne cédait ni aux instances de ses amis, ni aux recommandations des souverains.

Quel honneur pour l'église de St-Gilles d'avoir donné un tel pape au monde catholique, et quelle gloire pour cette patrie, si un jour, en regard de la maison qui l'a vu naître, dans cette crypte séculaire,

(1) Mansi, XXIII, 1124.

où bien souvent il vint s'agenouiller, où il puisa
sans doute les germes bénis de sa sublime vocation,
il pouvait reposer près du tombeau de saint Gilles,
au milieu de ses concitoyens ! Les restes vénérés de
Clément IV sont conservés dans l'église de Ste.
Marie de Gradi, à Viterbe. Un sarcophage de marbre, travaillé en mosaïque, renferme sa dépouille
mortelle. Mais hélas ! cette église privée de ses gardiens naturels, les fils de saint Dominique expulsés
par le gouvernement d'Italie, est destinée, comme
beaucoup d'autres, à la destruction ou à une profanation non moins redoutable. Devant une telle situation, le conseil de fabrique de la paroisse de 'St-
Gilles a émis le vœu de donner suite aux premières
démarches faites par M. le curé auprès de son Éminence le cardinal évêque de Viterbe. Une lettre de
ce prince de l'Église nous a transmis ces précieux
détails et son Éminence a bien voulu nous adresser
le 5 avril 1877 la remarquable inscription qui dé-
core le tombeau de Clément IV et que nous sommes
heureux de pouvoir transcrire ici (1) :

(1) « Lector, fige pedes admirans quam brevis ædes
     « Pontificem quartum Clementem contegit arctum.
     « En datur in cineres Petri successor et hæres.

« Lecteur, arrête-toi, regarde étonné combien est exigu le monument qui contient le pape Clément IV. Le voilà réduit en poussière, le successeur et l'héritier de Pierre. En songeant à lui, tu ne rechercheras pas les joies du monde. Juge célèbre dans le droit, soldat sans peur et sans reproche, il fut le mari d'une épouse vertueuse. Devenu veuf, il ne voulut plus contracter d'autre alliance que celle de Jésus-Christ. Revêtu des saints Ordres, il fit éclater une sainteté si éminente comme archidiacre du Puy, que fait évêque de Narbonne, il en remplit les fonctions avec un zèle admirable. Béni de Dieu, il fut revêtu bien-

« Cujus si memor es, mundi non gaudia quæres,
« Hic judex primum, quem sic successus opimum
« Reddidit, ut fertur, miles probus efficitur ;
« Taleque sortitus nomen jurisque peritus,
« Virginis unius fuit unicus ipse maritus
« Qui viduatus ea, mox Christi sorte potitus
« Aniciensis ita dignus fuit archilevita.
« Præsul ibi factus, post archiepiscopus actus ;
« Pastor ut egregius Narbonæ præfuit auctus ;
« Atque Deo gratus vir Cardinibus sociatus,
« Papatus nomen Urbis suscepit et omen ;
« Sic sublimatus, sic denique clarificatus,
« Perficiendo gradus, censetur ad astra levatus.
« Annis sex denis octo cum mille ducentis
« Transactis Christi, Clemens tumulo datur isti
« Agyos quare, qui transis, corde precare,
« Ut finalis ei det gaudia summa diei. Amen. »

tôt après de la pourpre cardinalice; enfin il fut décoré du nom de Souverain Pontife et devint ainsi le protecteur de la ville éternelle. Ainsi exalté et couronné d'une si admirable splendeur, en le voyant parcourir tous les glorieux degrés de cette magnifique carrière, on le croirait élevé au-dessus de la terre et arrivé jusqu'aux cieux. C'est le 29 novembre de l'an de Notre-Seigneur 1268 que descendit dans le tombeau l'illustre Clément. O toi qui passes ici avec des sentiments pieux, demande au Seigneur que le bonheur suprême du dernier jour lui soit donné. Ainsi soit-il. »

Tel fut ce grand Pape qui mourut à Viterbe le 29 novembre 1268. Il avait succédé au pape Urbain IV après une vacance du St-Siège de près de trois ans.

Il exhorta les rois et les peuples à entreprendre une croisade, qui fut la dernière ; il mourut sans avoir vu Rome en qualité de pape. Tous ses contemporains louent sa piété, son humilité, sa fermeté et son talent pour la parole. Les critiques formulées contre cette belle vie ne sauraient prévaloir contre cette grave voix des siècles qui s'élève unanime en faveur de Clément IV et qui est pour nous ici la voix même de Dieu, *vox populi, vox Dei* (1).

Clément IV n'oublia jamais, de son côté, ce qu'il devait au roi très-chrétien. Monté sur le trône pontifical (1265), il écrivait à Louis IX ces lignes à jamais mémorables : « Autrefois, nous vous appe- « lions notre maître : rien de plus juste et de plus « agréable à notre cœur. Vous fûtes en même temps « notre ami ; rien de plus vrai et de plus flatteur « pour nous. Maintenant que la divine miséricorde « nous a élevé, elle seule, au faîte du trône aposto· « lique, nous vous donnons un nom plus doux. « Vous êtes notre fils ; et ce nom rend mieux que « tous les autres la douceur de la dilection que « nous ressentons pour votre auguste personne. »

Ce double lien d'amitié pour Guy de Foulques et de vénération pour St-Gilles peuvent expliquer les séjours prolongés de Louis IX dans l'antique ab-

---

(1) Clément IV fit un appel aux négociants de Montpellier et, grâce à lui, les remparts d'Aiguesmortes s'élevèrent et transformèrent cette plage déserte. Il plaida la cause des esclaves et demanda de la modération dans l'exercice de la justice contre les blasphémateurs.

baye. Le passage de saint Louis à St-Gilles est attesté par un curieux monument. On voit sur le fût d'une des colonnes du porche de la basilique au milieu des divers noms de pèlerins, gravés sur la pierre à l'aide d'une pointe d'acier, le nom de Joinville, écrit sans doute de sa main, et, à côté, la silhouette du roi grossièrement tracée. Il est revêtu d'une cotte de mailles, porte la couronne sur la tête et à la main le sceptre surmonté de la fleur de lys.

COUVENTS, PAROISSES, CHAPELLES ET ABBAYE

Dès le XIe siècle, la ville de St-Gilles avait pris des proportions telles que le nombre des paroisses s'élevait à sept. Quatre maisons religieuses avec des églises, remarquables presque toutes par leur architecture élégante lui formaient comme une couronne d'honneur, que le souffle des révolutions a arrachée de son front mutilé.

Un couvent de Trinitaires pour la rédemption des captifs, un hôpital pour les lépreux, une maison des chevaliers du Temple, un grand prieuré de l'Ordre de St-Jean-de-Jérusalem, le premier fondé en Europe et le plus considérable de la langue de Provence, offraient à St-Gilles les plus précieuses ressources de la charité catholique.

Mais la paroisse a toujours été et sera toujours l'établissement le plus cher et le plus indispensable à la communauté chrétienne. N'est-elle pas le berceau et en même temps la tombe du chrétien régénéré en Jésus-Christ ? Et, entre ces deux extrémités de la vie, le combat dont l'éternité heureuse ou malheureuse est la redoutable issue n'est-il pas soutenu par le chrétien fervent sous le regard maternel de cette église qui sourit à ses triomphes, le relève dans ses chutes, guérissant ses blessures, cicatrisant ses plaies et l'encourageant de nouveau à la victoire?

Sept paroisses se partageaient le gouvernement spirituel des âmes à St-Gilles :

Saint Jacques, qui partait de la porte du Macel jusqu'au chemin montant de l'Abattoir. Cette paroisse comprenait tout le quartier dit La Gallinarié, et en longueur la partie des maisons comprises entre le commencement de la ville jusqu'au Luxembourg. Son cimetière était, il y a un peu plus de cent ans, à la hauteur de la croix de l'Abattoir, du côté d'Espeyran ;

Saint-Nicolas, sur les quartiers hauts qui s'étendent de la place de l'église actuelle jusqu'à l'hospice, dans la direction de l'Ouest ;

Saint-Privat, sur les hauteurs près le Château, en descendant ensuite au chemin de Beaucaire ;

Saint-Jean l'évangéliste, en descendant à l'extrémité de la rue actuelle de l'Abbaye ;

Saint-Pierre, au Nord du Château, dans la direction du cimetière ;

Saint-Martin, vers l'extrémité Nord de la Grand'-rue ;

Saint-Laurent enfin, qui comprenait toutes les rues et les maisons situées au quartier et sur la place qui porte encore le nom de Saint-Laurent.

Plusieurs églises ou chapelles s'élevaient encore dans la ville, comme des secours précieux offerts à ces nombreuses paroisses. La rue de l'Ancienne Poste nous offre quelques restes d'une chapelle dite de Saint Louis. Dans la rue Porte-des-Maréchaux, en face de la rue de l'Abbaye, existait une église, appelée chapelle de la Congrégation des filles. Mais

celle qui doit nous tenir le plus au cœur est la chapelle qui s'élevait autrefois sur le terrain qui porte le
nom de Baume du grand St-Gilles. Malgré son nom
de Baume, ainsi qu'on l'a très-judicieusement écrit,
la nature du sol s'oppose à ce qu'il y ait jamais eu
de grotte en cet endroit. Rien n'empêche de supposer, avec certains auteurs, que la grotte dans laquelle saint Gilles fut découvert par le roi Wamba, fût située au lieu même où s'élève aujourd'hui
l'antique Abbatiale, qui nous offre, dans la partie
Nord de la crypte, une anfractuosité creusée dans
le rocher, conservée peut-être dans cet état par un
dessein prémédité. Le lieu appelé Baume de Saint-
Gilles est un bassin de 1 mètre 50 de profondeur
et de 7 mètres de diamètre. Il est entouré de quatre
chênes qui tombent de vétusté. Quelques débris de
tuiles, de pierres et de tronçons de colonnes de
marbre jonchent ce sol béni et sanctifié par la présence du solitaire de la vallée Flavienne. Notre
Saint se nourrissait d'herbes sauvages et de racines;
il buvait l'eau pure d'une source que la tradition
nous indique parmi celles qui coulent entre Saint-
Gilles et le bois de la Ribasse, au fond même des

collines. au Nord desquelles on voit la Baume de Saint-Gilles. M. de Baumefort, pense que ce bassin antique est un de ces *nimihi*, lieux d'asile dans le moyen-âge, mais autrefois demeures solitaires de ceux des druides qui. séparés du monde, se livraient à leurs contemplations dans des bois solitaires, *Insolitis locis* (Lucain). Combien ce lieu fut cher à la piété des siècles qui s'écoulèrent depuis ! Cette terre n'avait-elle pas été détrempée par les larmes de saint Gilles ? Aussi on ne peut qu'accepter la tradition qui nous montre une chapelle élevée dans ce lieu célèbre. Là on se rendait autrefois processionnellement et l'on y venait prier dans les temps de calamité ou de sécheresse, et la tradition rapporte que ce n'était jamais en vain. On aime aujourd'hui encore à fouiller ce sol de la Baume pour y rencontrer de petites pierres qui ont la forme de cubes, dont on attribue sans trop de fondement la taille à saint Gilles. On attache une pieuse confiance à porter sur soi ou à garder ces reliques de la Baume ; on aime à vo'r dans ces petites pierres les restes de mosaïques qui servirent de pavé à la chapelle élevée en ces lieux. Pourquoi la piété envers le grand saint Gilles serait-elle aujourd'hui impuissante à relever les ruines de cet antique sanctuaire ?

Nous ne pouvons passer sous silence l'église de la Madeleine, située en dehors des anciens remparts, au-dessus de la croix du chemin de Nîmes. Un testament, datant du XIIe siècle et dont la teneur est gravée sur une pierre arrachée depuis peu à une destruction déplorable, a été déposée dans l'ancien chœur de la basilique de Saint-Gilles. Nous sommes heureux de pouvoir placer cette précieuse inscription sous les yeux de nos lecteurs :

(1) Anno Dominicæ Incarnationis MCLVIII, II Nonas Februarii, Boneta et filii ejus Johannes Cornutus ac Guillelmus Jordanus, dederunt pro amimabus suis Domino Deo et Sante Marie Magdalene hanc terram in qua hec ecclesia fundata est

----

(1) L'an de l'Incarnation MCLVIII (1158), le 2 des nones de février (4 février), Bonéta et ses fils Jean Cornut et Guillaume Jourdan ont donné pour (le salut de) leur âme au Seigneur Dieu et à sainte Marie-Madeleine la terre où cette église a été bâtie, avec ses maisons et ses dépendances. Cette donation a été faite entre les mains de Gislabert, recteur de la susdite église, lequel a promis que les habitants (desservants) présents et futurs de cette église feraient célébrer à

CUM DOMIBUS EC PERTINENCIIS SUIS. HANC DONATIONEM FECERUNT IN MANIBUS GISLABERTI, INSTITUTORIS PREDICTE ECCLESIE, QUI PROMISIT EIS UT HABITATORES HUJUS LOCI PRESENTES ET FUTURI IN PERPETUUM IN PREDICTA DIE FACIANT SEPTEM MISSAS CELEBRARE PRO ANIMABUS PREDICTORUM DONATORUM ET EORUM PARENTUM ET OMNIUM FIDELIUM DEFUNCTORUM (2).

Nous avons vu l'amour tout particulier qu'Urbain II portait au monastère de **St-Gilles**. Clément IV ne lui céda en rien en dévouement et en amour pour cette célèbre abbaye. La faveur des papes et des rois valut à l'abbaye de Saint-Gilles une prospérité toujours croissante. Les vertus et les grands exemples que lui avait légués son saint fondateur la maintinrent dans une régularité que rien ne put jamais amoindrir et qui en fit un des premiers monastères de l'Église.

Saint Gilles, ainsi qu'on l'a vu, avait fait don de

perpétuité au jour susdit (4 février) sept messes pour le repos des âmes des donateurs, pour celles de leurs parents et de tous les fidèles défunts.

(2) Inscription lapidaire placée dans l'ancien chœur de l'église abbatiale.

son monastère au St-Siége. En retour de ce bienfait, le St-Siége lui accorda le privilége de l'exemption. Ce don constituait un titre de propriété parfaitement légitime ; l'exemption était un bienfait précieux. Ainsi l'abbaye échappa à ce despotisme féodal qui ne respectait plus rien, pas même la divine majesté du sanctuaire. Qu'elle serait longue à raconter l'histoire des collations sacriléges dont se rendirent coupables certains princes, qui se décoraient cependant du titre pompeux de protecteurs de l'Église ! Toutefois Charlemagne et Louis-le-Débonnaire, reconnurent par des chartes authentiques accordées au monastère de St-Gilles, des priviléges considérables qui remontaient plus haut (1).

A l'avénement de ce dernier, Chrestien, évêque de Nîmes, obtint de ce prince un nouveau diplôme, daté de l'an 814, dans lequel nous lisons que le roi,

(1) Le monastère de Saint-Gilles était dispensé de fournir à l'état tout contingent au service militaire, toute prestation en espèces, et n'était tenu que d'offrir des prières pour le salut de l'empereur, de ses enfants et la prospérité de l'Empire. (Louis-le-Débonnaire, en 817).

Nos frères libres-penseurs ne préféreraient-ils pas encore ce tribut de la prière à l'impôt du sang par la conscription.

prenant sous sa protection spéciale non-seulement l'église de Nîmes mais encore le monastère de Saint-Gilles avec toutes ses dépendances, fait défense à tous juges et officiers royaux de dresser leur tribunal sur les lieux ci-indiqués ou de mettre la main sur quelqu'un de leurs habitants, pour les retenir comme otages, d'exiger d'eux aucune sorte de tributs à l'occasion de la guerre ou d'une autre nécessité publique. Si Saint-Gilles n'eut pas, comme tant d'autres monastères, son abbé chevalier ou comte, ne dut-il pas cet avantage au prestige dont le couvrait encore l'autorité du St-Siége ? Nous lisons en effet parmi les « *œuvres* » de Charlemagne que le monastère de Saint-Gilles figure comme exempt de tout impôt, parce qu'il « *est du droit propre de Saint Pierre.* » Lorsque plus tard l'évêque de Nîmes, Gilbert, émit des prétentions sur la juridiction qu'il voulait exercer à Saint-Gilles, alléguant des diplômes de Charlemagne et de Louis-le-Débonnaire, et même une prétendue donation du pape Nicolas 1ᵉʳ, les archevêques d'Arles, de Narbonne et d'Embrun et plusieurs autres évêques furent délégués par le Pape pour juger de cette affaire. Il leur fut adjoint plusieurs magistrats. Dieudé, duc de Ravenne, fut chargé, en qualité d'avocat ou d'avoué pour le Pape, de la poursuivre. Les juges déclarèrent que rien de ce qui avait été produit dans la défense ne pouvait légitimer les prétentions qui avaient été élevées contre les prérogatives du monastère. Tous les détails de ce jugement furent consignés par le pape Jean VIII dans une bulle datée du 20 juillet 878. Cette première bulle fut confirmée le 18 août suivant, par une seconde, promulguée au Concile de Troyes, en présence du roi Louis-le-Bègue. De plus, le Pape fit souscrire cette nouvelle bulle par cinquante-deux évêques présents, parmi lesquels se trouvait Gilbert lui-même (1).

Il n'y a rien d'étonnant dès lors à ce qu'une des maisons les plus florissantes de France, celle des comtes de Toulouse, ait tenu à honneur de voir les plus illustres de ses fils placés à la tête de cette grande cité. On sait que la munificence de l'un des comtes de Toulouse, Raymond IV, alla jusqu'à doter

(1) Ménard, *Histoire de Nîmes*, t. I, preuves, col. 2.

la cathédrale de Nîmes, après avoir doté l'église de
St-Gilles de la gloire de son nom, de l'éclat de ses
vertus et de ses exploits militaires. O jours bien glorieux pour notre antique abbatiale, où l'on vit le
plus illustre de ses fils entrer dans cette cathédrale
à la tête des chevaliers et du peuple, monter à l'autel, y déposer un anneau en signe de l'alliance qu'il
voulait contracter avec elle ! On nous saura gré de
placer ici la nomenclature des comtes de Toulouse (1). Elle est intimement liée à l'histoire de
St-Gilles et de son pèlerinage, et jette un grand jour
sur plusieurs points des plus importants de son
histoire civile et religieuse.

(1) Guillaume 1er fait comte de Toulouse par Charlemagne en 801. — Bérenger, 820. — Bernard 1er, ministre de
Louis-le-Débonnaire, 838. — Guillaume II, 884. — Raymond 1er, 848 — Bernard II, 865. — Eudes, 875. — Raymond II, 920. — Pons 1er, 937. — Raymond III, 1030. —
Guillaume IV, 1062. — Raymond IV, un des chefs de la
première Croisade, 1091. — Bertrand, 1105. — Guillaume V,
gendre de Guillaume IV. — Alphonse 1er, 1120. — Raymond V, 1145. — Raymond VI, défenseur des Albigeois,
excommunié et réconcilié avec l'Église, 1194 —Raymond VII ;
il donne sa fille Jeanne en mariage au comte de Poitiers,
frère de Saint-Louis, 1219 ; il meurt sans enfant, 1249. —
Le comté de Toulouse et celui de Provence sont réunis à la
couronne, 1272. — Durée, 471 ans.

Il serait trop long d'énumérer ici les propriétés immenses que possédait l'abbaye de St-Gilles ; la plupart des lieux mis sous sa dépendance n'ont pas changé de nom après bientôt mille ans. St-Gilles, Générac, Costaballens, ancien village situé près de Marguerites, Aiguesvives, le Cailar, nous en fournissent de nombreuses preuves.

Le pape Jean VIII, déjà cité, détermine les droits et les priviléges du monastère et les attributions de l'Abbé. A la mort de ce dernier, les religieux procèderont par la voix du suffrage à l'élection de son successeur, qui recevra du pape la bénédiction abbatiale. Défense est faite, même à l'évêque diocésain, à moins qu'il ne soit invité par l'Abbé, d'y célébrer publiquement la messe, de lui imposer des réceptions officielles ou d'y séjourner avec sa suite. Le pape recommande toutefois d'exercer l'hospitalité et la charité à l'égard des fidèles, des prêtres ou autres qui seraient dans le besoin. Pour ce qui est de l'admission des sujets, le Pape recommande à l'Abbé de la modération et un prudent discernement, afin d'éviter en même temps une excessive sévérité, qui tendrait à dépeupler le monastère et une facilité

trop grande, dont la conséquence serait l'accroisse-
sement trop considérable du nombre des religieux.
Telle fut la règle que le monastère conserva toujours avec le privilége d'exemption et quelques modifications qu'elle subit après son union à l'abbaye
de Cluny, dans le XIe siècle (1), jusqu'à la décadence qui prépara sa sécularisation au commencement du XVIe siècle.

L'abbaye usa toujours noblement de ses richesses. Elle nourrissait tous les jours treize pauvres
dans son réfectoire et distribuait trois fois par se-

(1) Plusieurs documents historiques nous disent, après
tant de siècles écoulés, l'intimité qui régnait entre ces deux
illustres abbayes. Nous sommes heureux de placer ici sous
les yeux de nos lecteurs un acte des plus importants emprunté
aux archives de Cluny, par lequel l'abbaye de St-Gilles devenait dépendante de celle de Cluny. Cet acte authentique
date de 1066 :

« *In nomine Dei ego Almodis nutu comitissa et filius meus
Raymundus, comes Rhutenensis, Nemausensis, Narbonen-
siumque nobilissimus, pro domini Pontii comitis remedio et
pro remissione peccatorum nostrorum atque parentum vivo-
rum et defunctorum atque salute fidelium nostrorum opti-
matum, abbatiam sancti Ægidii et locum, omnia tibi perti-
nentia, Deo et domino Hugoni præsenti abbati Cluniensi et
ejus successoribus tradimus, donamus atque concedimus.* » —
(Au nom de Dieu, nous comtesse Almodis et notre fils Raymond, comte de Rodez, de Nimes et de Narbonne, pour

maine d'abondantes aumônes. Le Jeudi-Saint, l'au-
mônier lavait les pieds de treize lépreux et donnait
à chacun d'eux un denier, de la nourriture et le
linge dont il s'était servi pour essuyer leurs pieds.
L'Abbé donnait la nourriture à trois cents pauvres
le même jour ; à cent dans l'octave de Pâques et à
cent vingt-huit à la Pentecôte. Tous les lundis, pendant plus de la moitié de l'année, il faisait l'aumône à tous ceux qui se présentaient. Lorsqu'un
religieux mourait, on donnait à manger à douze
mendiants.

la guérison du seigneur comte Pons, pour la rémission de nos
péchés et de ceux de nos parents vivants et défunts et pour
le salut de nos fidèles seigneurs, livrons, donnons et concé-
dons à Dieu et au seigneur Hugues, présent abbé de Cluny,
et à ses successeurs, l'abbaye de St-Gilles, l'emplacement
qu'elle occupe et tout ce qui lui appartient).
            (Archives de l'abbaye de Cluny, an 1066).

Dès l'an 1060 trente-six monastères avaient été transfor-
més en prieurés et leurs chefs s'empressèrent de substituer le
titre subalterne de prieur à celui d'abbé ou de pro abbé. Cette
grande mesure prise par saint Hugues fut solennellement
sanctionnée dans une bulle de Pascal II de l'an 1100, mais,
chose remarquable, quelques abbayes citées dans la bulle,
conservèrent, à cause de leur gloire antique, le titre abbatial
même sous la dépendance de Cluny. Saint-Gilles est nommé le second dans la nomenclature des onze abbayes qui
prirent part à cette exception. (Cluny au XIe siècle).

Telle fut l'abbaye de St-Gilles, placée sous la protection des pontifes romains, ses légitimes propriétaires, exemptée par le roi de France de toutes charges, redevances ou impôts, sous la direction de ses Abbés, dont les vertus et les mérites furent dignes de la grande renommée de leur immortel fondateur, le glorieux saint Gilles. Elle fut sécularisée par une bulle du Pape Paul III, le 17 août 1538. Au moment de sa sécularisation, Jean Théodore de Clermont en était abbé.

Voici le nom des religieux qui furent les dignités, personnats, et chanoines du Chapitre de St-Gilles : Jacques Bérenger, doyen, dignité ; Bernard de Crus, archidiacre majeur, dignité ; Amblard d'Espinasse, archidiacre mineur, dignité ; Antoine Reboul, sacristain, personnat ; Pierre Valentin, précenteur ; P. Jean Bellon, trésorier ; P. Pierre Buade, chanoine ; Jean Portal, id. ; Pierre Sauneri, id. ; Philippe Arboussel, id. ; Bernard Barthélemy, id. ; Jean de Mandegoto, id. ; Jean Despinasse, id. ; Guirand Duvernet, id. ; Nicolas Philipon, id.

CULTE DE SAINT GILLES EN EUROPE

Il était impossible qu'un sanctuaire en faveur duquel le ciel et la terre, Dieu et les hommes avaient tant fait, n'eût pas un grand retentissement dans l'univers. La voix des miracles d'une part, de l'autre les grâces innombrables obtenues par l'intercession de l'humble ermite de la vallée Flavienne, les peuples nombreux qui s'étaient pressés autour de son tombeau, devaient nécessairement populariser le nom de saint Gilles. Il serait difficile d'énumérer tous les sanctuaires élevés en son honneur.

Parmi les plus anciens de France, on cite l'église de Portes, près d'Alais; celles d'Abbeville, du monastère de St-Quentin, près Péronne et de St-Leu-St-Gilles à Paris, construite au XIIe siècle. L'Ouest s'est montré en tout temps très-dévoué à saint Gilles. Dans le diocèse de St-Brieuc, quatre localités portent le nom de St Gilles, et dans l'église cathédrale un autel lui est dédié. Mentionnons encore ici l'église paroissiale de St-Gilles-sur-Vie (Vendée) (1) ; le sanctuaire antique et nouvellement restauré de St-Gilles-de-la-Plaine (Orne), enfin l'église paroissiale d'Auceaumerville (Seine-Inférieure). On voit dans cette église un autel très-ancien consacré à saint Gilles, un pèlerinage et des associations érigés en son honneur (2).

En Belgique, en Pologne, en Allemagne, de nombreuses églises s'élèvent, témoignage éclatant de la confiance et de la vénération des peuples pour ce grand Saint.

L'Angleterre eut toujours un culte particulier pour saint Gilles. Après saint Georges, il est un des saints les plus populaires dans ce pays et marche presque l'égal de saint Guillaume, de saint Thomas de Cantorbéry et même de saint Augustin, le premier apôtre de ces contrées. Un des plus grands quartiers de Londres porte le nom de St-Gilles, et sa statue se voit dans l'une des rues de la paroisse

(1) Au même diocèse de Luçon, un grand nombre d'églises et d'autels sont dédiés à St-Gilles.

(2) *Étampes*, du diocèse de Versailles, et *Beaucouzè*, dans le Maine-et-Loire, ont encore des églises dédiées à St Gilles.

qui lui est dédiée, malgré le peu de sympathie de la Réforme pour de semblables monuments (1).

Il ne nous est pas permis de passer sous silence la nouvelle église de Saint-Gilles élevée par les soins du comte de Shrewsbury à Chéalde, d'après les plans du célèbre Puzin. M. Jules Gondon a fait mention de ce magnifique sanctuaire dans son livre intitulé : *Du mouvement religieux en Angleterre.* — Des sommes considérables ont été employées par le noble comte à cette œuvre d'art chrétien.

SAINT GILLES INVOQUÉ DANS LES AFFLICTIONS ET LES MALADIES

Les peuples ont aimé à considérer les Saints comme des amis et des protecteurs. Ils ont cru que Dieu s'était plu à communiquer à certains d'entre eux une part de sa puissance sur les maladies et les fléaux. Des grâces obtenues, des miracles opérés par leur intercession avaient surtout désigné aux âmes

(1) Cl. l'opuscule de M. Jules de Kerval sur saint Gilles et son culte et l'ouvrage de M. l'abbé Teissonnier.

affligées quatorze Saints, appelés pour cette raison les Saints auxiliateurs. Saint Gilles trouve sa place parmi eux.

On l'invoquait contre ce mal terrible qui se nomme la peur. La mère plaçait son enfant sous sa protection, à la pensée des dangers nombreux qui menacent sa faiblesse et sa pusillanimité.

Louis XIII et Anne d'Autriche ordonnèrent, en 1638, des prières solennelles à saint Gilles, lors de la naissance de Louis XIV ; et, pendant neuf jours, le clergé et la noblesse se rendirent à l'église St-Leu-St-Gilles de Paris, pour demander au ciel la conservation du prince nouveau-né.

Saint Gilles était encore invoqué contre le respect humain. Cette crainte des hommes, on l'a dit, ne fait nulle part plus de victimes qu'au tribunal de la pénitence ; elle donne la mort là où les âmes espéraient trouver la vie.

Les *Actes des Saints* rapportent le trait suivant de la puissance de saint Gilles sur ce mal désastreux. « Pendant le séjour de l'humble moine à la « cour de Charles-Martel, le roi commit une faute « grave, qu'il n'osait confesser à aucun prêtre. Il

« se recommandait néanmoins aux prières de saint
« Gilles. Or, il arriva qu'un jour, tandis que le
« Saint disait la messe, un ange lui apparut, lui
« révéla la faute du prince et lui remit un écrit.
« Aussitôt saint Gilles va trouver le roi et le supplie
« de songer à son âme. Celui ci touché confesse sa
« faute et reçoit l'absolution. L'écrit de l'ange est
« ouvert : qu'y lit-on ?.... Dieu a ratifié la sen-
« tence de son serviteur ; et désormais, à sa prière,
« les plus grands pécheurs obtiendront le cou-
« rage de confesser leurs crimes et la grâce du par-
« don (1). »

Ce que l'on ignore trop universellement, c'est
que le mal terrible regardé comme incurable et
malheureusement héréditaire, l'épilepsie, a été souvent guéri par saint Gilles. Dans certaines localités
ces guérisons ont été si nombreuses que l'épilepsie
est appelée le *mal Saint-Gilles*, c'est-à-dire le mal
contre lequel il faut implorer la protection de notre
Saint.

On l'invoque encore contre la fièvre, au souvenir
sans doute du soulagement qu'il accordait de son
vivant à ce genre de maladie.

(1) *Acta Sanctorum*, 1er septemb.

On le regarde enfin comme un puissant intercesseur dans les orages, les incendies et la sécheresse. On se rappelle que, fuyant sa patrie, une affreuse tempête s'éleva, menaçant d'engloutir le vaisseau qu'il montait, mais qu'à sa prière le calme se rétablit.

Vers la fin du XI° siècle, au monastère de Saint-Quentin, en Picardie, un moine, animé d'une tendre dévotion pour saint Gilles, ayant laissé un cierge allumé sur l'autel de ce saint, le feu se communiqua à la chapelle. Mais, grâce à sa protection puissante, l'autel de saint Gilles fut respecté par les flammes et n'en subit aucune atteinte.

La grotte que saint Gilles a habitée dans la vallée Flavienne est parfois encore le but de pieux pèlerinages accomplis dans les temps de sécheresse et toujours bénis par le ciel. Comment pourrait-on oublier que, de son vivant, sa prière puissante, unie à celle de saint Vérédème, obtint la cessation d'une désolante aridité qui affligeait ce pays depuis de longs jours (1) !

(1) L'opuscule de M. Jules de Kerval, déjà cité.

NAISSANCE MIRACULEUSE DE BOLESLAS III

Voir les êtres chéris que le ciel nous accorde préservés des maux et des dangers justement redoutés, est une grâce précieuse, sans doute, aux yeux d'un père et d'une mère. Mais obtenir la fécondité à une tige qui, desséchée jusques dans ses profondeurs, semblait condamnée à une désolante stérilité, voilà une faveur d'un prix inestimable et dont l'histoire des peuples s'est montrée plus d'une fois reconnaissante envers saint Gilles. Nous n'en citons qu'un exemple emprunté aux chroniques de la Pologne :

« Le duc Wladislas, roi de Pologne (1085),
« dans le désir ardent, partagé par son épouse, la
« princesse Judith, de donner un héritier à son
« trône, persévérait dans le jeûne et la prière, fai-
« sant d'abondantes aumônes pour obtenir du ciel
« ce fils si impatiemment attendu pour le bonheur
« et la prospérité de la Pologne.

« L'évêque Lambert, témoin de ces bonnes œu-
« vres leur dit : Écoutez, ô prince et vous prin-

« cesse, il est un Saint, aux extrémités de la Gaule,
« à l'endroit où le Rhône entre dans la mer, que
« l'on n'invoque jamais en vain, tant son pouvoir
« est grand auprès de Dieu. C'est saint Gilles. Fai-
« tes donc une statue d'or qui ait la forme d'un en-
« fant ; joignez-y d'autres dons, et envoyez les, en
« présents, au monastère où reposent ses restes
« vénérés. Le conseil de l'évêque est suivi. Des
« messagers fidèles quittent la Pologne, emportant
« de riches offrandes et l'enfant d'or, qu'ils déposè-
« rent sur le tombeau de saint Gilles.

« Les religieux, à la réception du message royal,
« se mettent en prières et s'imposent un jeûne de
« trois jours.

« Entendez-les s'écrier tous ensemble, dans l'u-
« nanime ferveur de leur prière : Ah ! grand Saint,
« vous êtes puissant pour obtenir les grâces, com-
« blez les vœux que vos serviteurs vous adressent
« en ce jour. Allons, enfant pour enfant ; prenez
« l'image, donnez-nous la réalité. Donnez-nous un
« enfant de chair, prenez celui qui est d'or.

« Que dirons-nous encore ? Les pieux céno-
« bites n'avaient pas achevé le jeûne, et déjà au

« fond de la Pologne, la princesse commençait à
« être mère et se réjouissait d'avoir conçu un
« fils (1).

L'enfant naquit le 23 décembre 1085 et devint
roi sous le nom de Boleslas III.

Après sept siècles, le souvenir de ce miracle est
encore vivant au sein de la malheureuse Pologne.
En 1851, M. le comte Alexandre Przezdziecky fit
don à l'église de St-Gilles d'un magnifique ciboire.
« Pour transmettre à la postérité, » dit-il dans son
acte de donation, « le souvenir de la naissance de
« Boleslas III, due aux prières de saint Gilles, et
« renouveler un acte de gratitude des ancêtres en-
« vers la divine Providence, j'offre à l'église de St-
« Gilles un saint ciboire en vermeil. Puisse ce vase
« sacré servir longtemps pour la plus grande gloire
« de Dieu et la sanctification des fidèles ! »

Le noble comte était venu lui-même à St-Gilles
le 28 août 1851, attiré par cette tendre dévotion
envers notre Saint qui l'animait dès son berceau, et
dont il avait respiré les parfums dans les nombreu-

(1) *Patrologie* de l'abbé Migne, t. 160, col. 874.

ses églises fondées en Pologne, au XIIe siècle, sous le vocable de St-Gilles. Il quittait une patrie désolée par le souffle de la persécution Moscovite, pour ne retrouver en France, dans ce pays de St Gilles, si aimé de son cœur, que le magnifique portail roman, la précieuse collection de nos bulles et les ruines amoncelées par les guerres civiles (1).

(1) Un manuscrit relatant le miracle de la naissance de Boleslas III a été laissé par le comte dans les archives de la paroisse de St-Gilles.

CHAPITRE TROISIÈME

DÉCADENCE DU PÈLERINAGE DE SAINT GILLES

> « *Viæ Sion lugent, eo quod non sint qui veniant ad solemnitatem.* »
>
> Les voies de Sion pleurent, parce que personne ne vient plus à ses solennités.
>
> (Thren., I, 4).

Nous venons d'admirer la prospérité toujours croissante de l'église de Saint-Gilles. Mais telle n'est pas ici-bas la condition permanente des œuvres de Dieu. Tôt ou tard, l'épreuve doit se faire sentir, pour leur donner ce caractère de perfection que rien ne saurait remplacer : « *Virtus in infirmitate perficitur* (1). »

-----

(1) 2 Cor., XII, 9.

Il est même à remarquer, dans l'histoire de l'Égli-se, que les fondations les plus célèbres ont eu une plus large part dans les persécutions. Il devait en être ainsi pour Saint-Gilles.

LES ALBIGEOIS

« Une hérésie d'origine orientale venait d'asseoir
« son camp principal dans le midi de la France.
« Cette hérésie, toujours combattue et toujours vi-
« vace, remontait à la fin du III siècle. Repoussés
« de dessous le soleil, les Manichéens se réfugiè-
« rent dans les ténèbres, y formèrent une société
« secrète, seul état qui permette à l'erreur de se per-
« pétuer longtemps (1). »

Nous croyons opportun de donner ici une notion de cette hérésie, qui couvrit l'Europe de sang et de ruines, vis-à-vis de laquelle l'Église employa tous les moyens de conciliation et de douceur, mais que ses sectateurs déshonorèrent par la mort du plus

(1) Lacordaire, *Vie de St-Dominique*, chap. I.

saint et du plus inoffensif des hommes, Pierre de Castelnau.

Malgré les assertions audacieuses des libres-penseurs et des protestants tendant à innocenter les Albigeois, qu'ils se glorifiaient d'avoir eus pour ancêtres, on doit affirmer sans crainte que, parmi les sectes qui désolèrent l'antiquité chrétienne, aucune ne fut plus *abominable*, suivant le mot de Bossuet, dans ses doctrines et dans ses mœurs. Et cependant quel ne fut pas l'ascendant de ces séducteurs sur le peuple ! Quels furent les pays qui purent se préserver de la funeste contagion de cette hérésie ?— Deux principes coéternels, l'un bon, l'autre mauvais, étaient le fondement de cette monstrueuse doctrine. De même qu'il y a deux principes créateurs, de même il y a deux Christs, l'un bon, l'autre mauvais. Le premier, qui n'a jamais eu de corps, ni d'extérieur visible, n'a résidé qu'une fois spirituellement dans le monde : c'est dans l'apôtre St Paul. Au second, se rapporte tout ce que l'Évangile raconte de Jésus-Christ...Nous ne dirons rien de l'immoralité effroyable qui découlait nécessairement d'un dieu dépravé. . Les superstitions auxquelles ils s'adonnaient le disputaient en horreur avec leurs principes et leur immoralité.

De même qu'ils avaient condamné le mariage, de même ils condamnèrent l'usage de la chair des animaux, des laitages et du vin, traitant avec mépris les catholiques qui ne s'imposaient pas les mêmes privations. Cette austérité affectée n'était qu'un masque hypocrite par lequel les Manichéens voulaien en imposer aux peuples. Ils affectaient une grande austérité de mœurs, mais il serait honteux de révéler les mystères d'iniquité auxquels ils se livraient. Seuls continuateurs de la vie apostolique, disaient-ils, ils ne possédaient ni maisons, ni champs, ni trésors, et ils se précipitaient sur les biens de l'Église, dont ils s'emparaient sans rougir.

A tous ces caractères odieux les Albigeois en ajoutaient un autre : leur secte était une secte révolutionnaire. Ils prêchèrent leurs doctrines impies, subversives de la foi et de la société, par la violence et à main armée. Dès la première apparition des Albigeois à St-Gilles, on avait vu l'hérésiarque Pierre de Bruys rebaptiser, fouetter les prêtres, emprisonner les moines, profaner les églises, renverser les croix. Il avait eu la sacrilége audace de mettre le feu aux statues, aux tableaux et à tous les objets sacrés qu'il avait amoncelés sur la place de l'église. Exaspérés de l'injure faite à leur foi, les catholiques de St-Gilles s'étaient précipités sur le coupable et élevant un second bûcher, avaient jeté l'iconoclaste dans les flammes (1147).

Le légat Pierre de Castelnau fut envoyé par Innocent III dans le Midi pour combattre cette secte monstrueuse et révoltée contre l'ordre religieux et civil. La prière, la discussion furent d'abord les armes dont il fit usage. Ce ne fut qu'après de longs jours de vexations subies par les catholiques, que l'on eut recours à la répression civile. Quant à la sentence qui déliait les sujets de Raymond du serment de fidélité, personne n'ignore que cette prérogative était attribuée au pontife de Rome. C'était, dit Mgr Plantier, l'œuvre du suffrage universel dans son extension la plus absolue et son expression la plus sincère : siérait-il bien à notre époque de la condamner ? Le bienheureux Pierre de Castelnau succombant sous le fer des sicaires, soudoyés par le comte de Toulouse, fut donc un martyr de la foi. Fidèle à sa mission, qu'il remplit dans les limites des instructions qu'il avait reçues, courageux défenseur des droits de l'Église, il lutta aussi pour les saintes libertés de la conscience, pour la restauration des mœurs, pour le respect des traités. Ce lâche assassinat ne sera-t-il pas l'éternelle honte de l'hérésie qui l'a commandé (1) ?

On sait le rôle que Saint-Gilles allait jouer à cette triste époque et les douloureuses humiliations qu'il devait subir pendant ces jours de luttes sanglantes

Raymond VI, comte de Toulouse, oublieux de l'héritage de gloire, que lui avait légué son aieul, Raymond de St-Gilles, le Nestor de la première croisade, était à la tête des Albigeois. Et quel temps, plus que le nôtre, fut aussi tristement fécond en pareilles apostasies ! Le cœur honnête et chrétien, indigné par le spectacle contemporain de semblables défections, ne saurait être surpris des faiblesses criminelles des siècles antérieurs.

(1) Instr. Past. de Mgr l'Évêque de Nîmes sur les Albigeois.

MORT DE PIERRE CASTELNAU

L'histoire nous représente les Albigeois semant sur leur passage toutes les désolations et tous les malheurs. Il n'entre pas dans notre plan de les raconter. Mais il nous est facile de les montrer tous réunis dans un seul exemple. Nous voulons parler de la mort de Pierre de Castelnau, si intimement lié par sa vie, ses luttes contre l'erreur et son martyre, avec les destinées de l'église de Saint-Gilles.

Investi par le pape Innocent III de la mission de pacifier nos contrées, Pierre de Castelnau était venu à Saint-Gilles en qualité de légat, déjà convaincu que sa parole serait impuissante et que le sang d'un martyr pouvait seul faire triompher la vérité. Il devait être cette victime choisie du ciel : il en avait eu le pressentiment.

Le comte de Toulouse, naguère excommunié par lui, témoignait le désir de se réconcilier sincèrement avec l'Église. Mais son dessein était plutôt d'obtenir par l'intimidation un pardon dont il n'était pas digne. Dans ces circonstances, le légat Pierre de Castelnau, après avoir célébré les saints mystères sur le tombeau de saint Gilles, se disposait à passer le Rhône pour continuer sa mission. Un chevalier le joignit sur les bords du fleuve et le poignarda. C'était le 15 janvier 1208. Le légat devint ainsi martyr. «Que Dieu te pardonne, » s'écria-t-il en s'adressant au meurtrier, « parce que je te pardonne » (1).

Le corps de Pierre de Castelnau fut enseveli avec honneur dans le cloître de l'illustre abbaye de Saint-Gilles. Plus tard on le transporta dans l'église souterraine du monastère. « Quand on fit sa translation, » écrit Mgr Plantier dans son instruction pastorale pour l'établissement dans son diocèse du culte du saint martyr, « ses chairs étaient intactes, son « sang paraissait vif encore ; on eût dit qu'il était « inhumé de la veille, et de ses reliques, aussi bien « que de ses vêtements, sortit une odeur tellement « suave et pénétrante, que la foule crut qu'on avait « rempli de parfums la pieuse enceinte où l'on dé-« posait le martyr. Le cercueil de marbre qui le re-« çut touchait presque au tombeau de saint Gilles « lui-même et semblait vouloir reposer à l'ombre « de sa gloire.

-----

(1) *Deus tibi dimittat, quia ego dimitto.* Office.

« Il garda jusqu'au XVI⁰ siècle le trésor qui lui
« avait été confié. Si d'odieuses profanations le lui
« ravirent alors, la mémoire de celui dont il avait
« contenu la dépouille n'a cessé de planer jusqu'à
« ce jour sur sa pierre mutilée pour la rendre chère
« à la piété des peuples ; et lorsqu'en visitant la
« crypte silencieuse qui l'abrite, vous arrivez devant
« l'arceau où ce sépulcre est enchâssé, le gardien du
« sanctuaire vous dit avec émotion : Voici la tombe
« où pendant plus de trois siècles dormirent les res-
« tes bénis de Pierre de Castelnau. »

A la nouvelle de la mort de son légat, Innocent III
écrivait aux évêques de la province : « Frère Pierre
« de Castelnau qui a répandu son sang pour la foi
« et pour la paix a vraiment souffert le martyre.
« Nous vous exhortons par l'Esprit-Saint, nous vous
« ordonnons, au nom de l'obéissance, de faire fruc-
« tifier la semence qu'il a répandue par sa prédica-
« tion. »

PÉNITENCE PUBLIQUE DE RAYMOND VI

Le comte Raymond excommunié promit bientôt,
avec seize de ses vassaux, de réparer ses fautes. Il

accepta la pénitence qui lui était imposée. Ce fut alors que la crypte de Saint-Gilles et le perron de sa basilique offrirent le spectacle émouvant d'une expiation publique et royale dont on n'avait pas vu d'exemples depuis les premiers siècles de l'Église.

« On convint, dit le P. Lacordaire, que sa ré-« conciliation solennelle avec l'Église aurait lieu « à St-Gilles, selon les formes usitées dans ce temps-« là. On le vit donc présenter ses épaules nues aux « verges du légat, aux portes de l'abbaye de St-Gil-« les, devant un peuple immense (1). » Et, circons-tance mémorable, qui n'a pas échappé au génie de l'illustre historiographe de saint Dominique, « quand il voulut sortir de l'église, la foule était « si pressée qu'il ne put faire un pas. On lui ouvrit « une issue secrète à travers l'église souterraine, « et il passa devant le tombeau de Pierre de Castel-« nau (2). » Ses épaules encore découvertes portaient l'empreinte des coups qu'il venait de recevoir. On put croire qu'il faisait amende honorable pour la

(1) 18 juin 1209.
(2) *Vie de saint Dominique*, ch. v.

mort du martyr, et qu'il lui rendait, dans sa dernière demeure, les honneurs qu'il lui avait refusés de son vivant.

Nous n'avons fait qu'indiquer à grands traits les phases principales de cette guerre déclarée par les Albigeois à l'Église de Dieu, et déjà que d'enseignements en ressortent, pour nous convaincre des suites désastreuses qu'elle devait avoir pour le pèlerinage de St-Gilles ! En effet, la guerre et ses horreurs sont, dans tous les temps, une cause trop certaine de ruines et de dépopulation ; mais quand elle est suscitée par le fanatisme religieux, — esprit propre aux hérésies, ainsi que le constate l'histoire, — ses terribles effets se font ressentir dans des proportions plus effrayantes. Funestes à la prospérité matérielle, ils le deviennent surtout à la vie des âmes, dont l'aliment est la vérité. Il en fut ainsi pour Saint-Gilles. Les pèlerins, fuyant le souffle meurtrier de l'erreur, s'éloignèrent de son sanctuaire. Semblables aux voies de Sion, son pèlerinage, devenu désert, pleura l'absence de fils bien-aimés au jour de ses fêtes solennelles.

LA RÉFORME AU XVIᵉ SIÈCLE

On s'étonnera peut-être que la guerre des Albigeois, si désastreuse pour nos contrées du midi de la France, n'ait pas été plus funeste à St-Gilles ; mais Dieu, dont les desseins sont impénétrables, lui réservait dans d'autres temps de plus grandes épreuves.

Le vieux serpent de l'erreur, dit saint Augustin, change de couleur au soleil de chaque siècle. Il s'efforce ainsi par de nouvelles séductions d'accréditer le mensonge et de pervertir les âmes.

Trois siècles étaient à peine écoulés, et déjà une nouvelle doctrine faisait son apparition dans le monde. Enfantée par l'orgueil, elle était soutenue par le souffle des passions, dont elle flattait les instincts pervers : c'était le Protestantisme.

Malgré les efforts et les violences des Albigeois, la foi ne fut jamais éteinte dans les cœurs. La fidélité des enfants de St-Gilles, la tombe de son glorieux patron, son monastère à jamais célèbre, attestaient la vitalité de cette église. Le nouvel orage allait détruire ce qu'avaient respecté les Manichéens du XIIe siècle.

Excités par les prédications insidieuses des émissaires de Genève et appuyés par le glaive, les Réformateurs ne tardèrent pas à faire ressentir les tristes effets des doctrines qu'ils venaient d'embrasser. Sous le nom spécieux de réforme, ils venaient, comme le sanglier féroce, ravager l'Église, la vigne bien-aimée du Christ, et corriger ses abus vrais ou supposés par la destruction.

« Les Religionnaires, » dit Ménard, n'épargnè-
« rent pas les églises du voisinage. Les trésors
« qu'elles possédaient furent aussi l'objet de leur
« cupidité. De ce nombre fut, entre autres, l'église
« de Saint-Gilles. Après s'être emparés de cette ville,
« ils y firent un ravage étonnant. Outre les maux
« infinis qu'il firent au chapitre, ils détruisirent le
« couvent des Frères Mineurs et celui des Trini-
« taires.

RELIQUES DE SAINT GILLES TRANSPORTÉES
A TOULOUSE.

« Le Consistoire de Nîmes, qui étendait son au-
« torité sur tous les environs, songea d'abord à
« s'emparer des reliquaires de l'église collégiale de
« Saint-Gilles ; mais les chanoines, plus jaloux en-
« core de la conservation des reliques que de celle
« des châsses, prévinrent l'orage et mirent à couvert
« les reliques de saint Gilles. Ils les remirent entre
« les mains du sire de Pouzillac, gentilhomme du
« pays, distingué par sa naissance autant que par
« sa piété. Celui-ci les fit passer secrètement à
« Toulouse et sauva par là du naufrage ce précieux
« dépôt, qui y est conservé aujourd'hui dans l'é-
« glise de Saint-Sernin. (1). »

L'église de Toulouse possède donc les reliques
de notre saint patron. Mais cette possession qui
remonte seulement à 1562, et non pas au temps

(1) Ménard, *Hist. de Nîmes*, t. IV.

des Albigeois, comme l'ont cru quelques historiens, ne vaut pas titre à nos yeux. Ce ne fut pas une cession, encore moins une aliénation. L'église de Saint-Gilles, en s'adressant à l'antique basilique de Saint-Sernin, lui disait en lui confiant ses reliques : « Gardez-moi ce dépôt. » Or, ce dépôt était d'autant plus sacré, que des raisons de force majeure mettaient l'église de Saint-Gilles dans la cruelle nécessité de s'en séparer pour un temps.

En vain, pour se dispenser de restituer ce corps sacré à cette tombe illustre, dans laquelle ses enfants le déposèrent avec tant d'amour, en vain voudrait-on s'excuser sur les difficultés qui se dressent devant la réalisation de cette œuvre de justice. Ne voit-on pas que c'est excuser tous les détenteurs de dépôts et des biens placés sous la sauvegarde de la conscience et de la religion ? Ne savons-nous pas que des faits certains démentent cette prétendue impossibilité ? On se rappelle, en fait de translation ou de restitution de reliques, celles de St Louis, évêque d'une ville d'Espagne, à Toulouse, en 1854 ; de St Baudile Puechablon, près d'Aniane, à Nîmes ; de St Clair, évêque, de Ste Eulalie de Bordeaux, à Lectoure, diocèse d'Auch, en 1858.

Qui de nous, en visitant les cryptes célèbres de St-Sernin, ne s'est pas prosterné avec amour devant la châsse où sont renfermées les reliques de saint Gilles ? Ah ! sans doute, à l'approche de ses enfants, ses ossements bénis doivent tressaillir ! Que ne peuvent-ils reposer encore dans cette crypte onze fois séculaire, que leur consacra la piété de nos ancêtres !

RECOUVREMENT D'UNE PORTION DES RELIQUES DE SAINT GILLES

Il est vrai, la ville de Toulouse, cédant aux prières des fidèles de Saint-Gilles, qu'encourageaient les évêques de Nîmes, a bien voulu, à deux reprises, nous rendre une partie des reliques de notre saint patron.

Les premières parcelles, — quelques parties des os du corps de saint Gilles et une de ses dents, — furent apportées dans notre ville en 1817 par M. l'abbé Bonhomme, curé de la paroisse saint Charles de Nîmes, délégué par Mgr Périer, évêque d'Avignon, pour en reconnaître canoniquement

l'authenticité et présider à la cérémonie de la translation,

Mais la portion exiguë des reliques accordées à
l'église de Saint-Gilles ne répondait pas à l'ardeur de sa foi et de sa piété. Au défaut d'une
entière restitution, elle désirait au moins une portion notable des reliques de son illustre fondateur.
Les évêques de Nîmes mirent tout en œuvre pour
satisfaire un vœu si légitime. Mgr Cart, pendant
la longue et cruelle maladie qui devait le ravir à
son diocèse, écrivit plusieurs fois à l'archevêque de
Toulouse à ce sujet. — « Je suis tout à fait de votre
avis, « lui répondait l'archevêque, Mgr Mioland,
« le 13 décembre 1854, « Saint Gilles vous est dû.
« Si cela dépendait de moi, vous l'auriez déjà ;
« mais je n'en suis pas le maître. Curé, fabrique,
« paroisse, surtout conseil municipal, maire, ville,
« tout cela m'excommunierait, sans aucun doute ,
« sans compter l'émeute et tout ce qui s'en suit.»

Après ces explications, il restait peu d'espoir de
réussir. Mais afin de pouvoir se rendre le témoignage de n'avoir rien négligé pour recouvrer ce
trésor, Mgr Cart crut devoir recourir au Souverain

Pontife. Il lui exposa l'histoire des reliques et de leur translation forcée à Toulouse, les droits des fidèles de Saint-Gilles, suppliant le Saint-Père d'appuyer de sa suprême approbation la demande qu'il se proposait de réitérer auprès de l'église de Toulouse.

Pie IX daigna, dans cette circonstance, adresser à Mgr Cart, en date du 6 juin 1855, un bref, où respire la plus grande affection pour l'évêque de Nîmes et son troupeau, comme aussi la plus profonde sympathie pour le projet dont on lui fait part. L'approbation du Saint-Père n'est pas douteuse, car l'équité de la demande est souveraine à ses yeux. Sa confiance est donc entière dans les démarches qui de nouveau seront tentées auprès de l'archevêque de Toulouse.

Deux mois après (6 août), Mgr Cart notifiait à l'archevêque de Toulouse cette réponse du Saint-Père. Il lui rappelait les instances, faites en son nom par Mgr Guibert, alors évêque de Viviers (1), et la promesse de l'archevêque de seconder ses désirs si le Saint-Père les ratifiait de son approbation.

(1) Aujourd'hui cardinal-archevêque de Paris.

Que restait-il à faire pour l'archevêque de Toulouse, sinon de se montrer empressé aux désirs d'un Évêque qui lui écrivait ces lignes touchantes : « Ce que je réclame instamment, en ce moment suprême où mes forces m'ont abandonné et où il ne « me reste plus qu'à rendre mon âme à mon Dieu, « c'est une insigne relique de saint Gilles, dont le « retour dans mon diocèse doit combler les vœux « d'une portion du troupeau qui m'est confié (1). » Six jours après (2), Mgr Cart était enlevé à l'affection de ses diocésains.

Il était réservé à son successeur, Mgr Plantier, d'obtenir la relique depuis longtemps désirée et d'en faire la translation solennelle à Saint-Gilles, le 27 juillet 1862.

Une châsse magnifique, destinée à recevoir le précieux trésor, avait été offerte par la fabrique et les pieux fidèles. Une grande fête, organisée par les soins du curé de la paroisse, M. l'abbé Corrieux (3),

(1) Détails empruntés à la notice historique sur saint Gilles et son culte, par M. l'abbé Teissonnier.

(2) 12 août 1855.

(3) Aujourd'hui vicaire-général honoraire et archiprêtre de basilique de Nîmes.

fut célébrée au milieu de l'enthousiasme indescriptible d'une population heureuse de retrouver dans
ces reliques le souvenir d'un père bien-aimé et d'un
puissant protecteur.

On nous saura gré, sans doute, d'avoir anticipé
sur l'ordre chronologique des faits, pour apprendre
à nos lecteurs l'histoire des reliques de saint Gilles.
Hâtons-nous maintenant de reprendre le récit des
malheurs et des épreuves qui devaient, longtemps
encore, se prolonger pour nous.

MASSACRE DES PRÊTRES ET DES CLERCS

On le comprendra sans peine, l'éloignement forcé
des reliques de saint Gilles devait être le signe
avant-coureur des calamités qui allaient fondre sur
la cité et son antique sanctuaire. Le 27 septembre
1562, à la suite d'une victoire remportée à St-Gilles
sur les troupes accourues de la Provence et com-
mandées par les comtes de Suze et de Sommerives,
les protestants entreprirent de ruiner le catholicisme dans cette ville. Les traditions du pays nous

apprennent que l'armée victorieuse fit son entrée à Saint-Gilles au moment où la population réunie dans l'église chantait l'office des vêpres. En pareille circonstance, comme toujours, les victimes étaient désignées par avance. Elle devaient être choisies parmi les prêtres et les pieux fidèles.

« En ce jour. » lisons-nous dans les fastes ecclésiastiques de la religion réformée, « la ville de Saint-« Gilles fut mise au pillage, les prêtres égorgés et « et jetés dans le puits qui est joignant l'église in-« térieure ; les enfants de chœur précipités dans le « même puits, chantant : *Christe, Fili Dei vivi, miserere nobis (1)*. Trois siècles après, on reconnaît encore aux parois de la partie supérieure du puits les longues traces de leur sang. Puisse le sacrifice de ces victimes innocentes, dont la voix crie miséricorde obtenir le pardon des bourreaux, la fin de nos discordes et la réunion de tous, selon le vœu le plus ardent du Christ, *en un seul troupeau sous la houlette du même pasteur ! (2)*.

Entre les deux dates néfastes de 1562 et de 1793,

(1) *Calendrier des Psaumes*, 27 sept. 1562.
(2) *Et erit unum ovile et unus pastor*. Joan. **X**, 16.

il en est une dont la conscience chrétienne et sou-
mise de cœur aux vœux que Notre-Seigneur Jésus-
Christ exprimait dans l'Évangile, aime à se souvenir : c'est celle de 1726. En cette année, en effet,
l'on vit à St-Gilles près de cent calvinistes, après
une mission prêchée par M. de Salvador, renoncer à leurs erreurs et faire profession de la foi catholique par la réception des sacrements. L'histoire
nous représente les ministres protestants, faisant
des efforts inouis pour empêcher ces retours à l'uni-
té. Ce fut en vain. Ces chrétiens courageux ne cru-
rent pas pouvoir demeurer en sûreté de conscience
au sein d'une religion, qui sous le faux prétexte de
réformer l'Église et de la rappeler à sa pureté pri-
mitive, ne donnait cependant au monde étonné
que le triste et navrant spectacle de la dépravation
des mœurs et des divisions intestines des premiers
réformateurs. Au reste, la liberté d'examen, principe
fondamental du protestantisme, donnait-elle à ses
adeptes le droit d'embrasser l'enseignement de l'É-
glise catholique qui leur paraissait la seule vraie,
puisqu'elle seule, par une succession non inter-
rompue de pasteurs légitimes, remontait jusqu'à
Jésus-Christ son divin fondateur ?

Mais, depuis 1726, les raisons qui avaient déterminé ces enfants courageux de St-Gilles à rentrer dans le sein de la véritable Église dont ils avaient été si cruellement séparés, ne sont-elles pas devenues plus puissantes encore ?

Le principe fondamental de la prétendue Réforme a mis dans son jour le plus triste et le plus évident la fausseté de ses doctrines par les fruits de mort qu'elle a produits. Au grand scandale des âmes droites et honnêtes que renferment encore les 70 sectes protestantes, toutes unies cependant par la haine la plus aveugle vouée à l'Église romaine, des ministres, des docteurs, faisant écho aux mille voix de la libre-pensée et de l'incrédulité la plus éhontée, ont osé nier, l'évangile à la main, la divinité de Notre-Seigneur Jésus-Christ (1). Dans la confusion indescriptible jetée dans les rangs du protestantisme par ce scandaleux enseignement, dans l'impossibilité de le condamner et de rejeter du sein de la Réforme

______

(1) Christologie, *par le pasteur Coquerel.* — M. de Gasparin se félicite, comme d'un triomphe, de ce que sur 700 ministres, il s'en est trouvé 206 qui croient à la divinité du Christ. Voyez *Intérêts du protestantisme,* avertissement p. VII.

des frères qui ont la même autorité, « l'*inspiration
et l'assistance du Saint-Esprit* » on a eu recours
à l'autorité civile. Ces consciences si sûres, ces esprits si élevés et si fiers, ces hommes du progrès qui
rougissent de reconnaître l'autorité du Pape, successeur de Pierre et héritier de ses prérogatives, ont dû
implorer le secours du bras séculier pour mettre
l'ordre dans leur sanctuaire désolé. Ainsi croule le
misérable édifice de la Réforme. N'en soyons pas
surpris, il est bâti, non sur la pierre ferme, contre
laquelle les portes de l'enfer ne prévaudront pas,
mais sur le sable mouvant des opinions humaines.

Il serait injuste de dire que les religionnaires
usaient de représailles contre les habitants de St-
Gilles. Ce ne fut pas là malheureusement un fait
isolé, puisque nous lisons dans l'histoire de l'église
de Nîmes par Germain : « Trois cents églises prin-
« cipales démolies, quatre mille sacristies pillées,
« un nombre infini de prêtres et de religieux mas-
« sacrés, quatre batailles données contre leur souve-
« rain, et l'État exposé en proie aux étrangers, ont
« été les effets pacifiques de la patience de ces pré-
« tendus persécutés. Il n'y a proprement que la re-

« ligion catholique qu'on peut dire véritablement
« persécutée, non-seulement en Europe, mais
« dans toutes les parties du monde; et encore au-
« jourd'hui il n'y a que les catholiques qui prêchent
« l'Évangile à la Chine, au travers de mille con-
« tradictions et fatigues, sans cesse exposés aux
« souffrances et au martyre (1). »

DESTRUCTION DE LA BASILIQUE

Nous ne raconterons pas ici les longs et douloureux détails relatifs à la ruine de l'église abbatiale
de Saint-Gilles. Qu'il nous suffise de dire que la
ville fut assiégée, prise et reprise en 1562, 1567,
1570, 1574, 1575 (2). Comment exprimer l'état déplorable des catholiques durant ces tristes jours ?
Les églises et les maisons des chanoines furent in-
cendiées et démolies (3) L'église abbatiale, on le

(1) Germain, *Histoire de l'Église de Nîmes*. Tom. II.
pag. 222.
(2) *Histoire du Languedoc*. Tom. V.
(3) Ménard, *Histoire de Nîmes*. Tom. v, p. 41.

comprend, ne dut pas échapper à la fureur des Religionnaires. Les grands souvenirs religieux de l'histoire qu'elle rappelait, dans son incomparable majesté, la recommandaient assez aux coups de ces modernes Vandales. Mais d'une part la solidité exceptionnelle de ses murs, et, de l'autre, le refuge assuré qu'elle offrait à ses nouveaux maîtres devaient la conserver quelques années encore. Durant une période de près de quatre-vingts ans, pendant laquelle l'église demeura au pouvoir des Réformateurs, quelle succession de violences, de mutilations, avant d'arriver à une ruine complète !

En 1610, M. de Haupoul, délégué par le Parlement de Toulouse, en qualité de commissaire expert, constate que « cette église offre d'immenses « ruines, qu'elle est découverte et que toutes les « voûtes de dessus sont rompues et ruinées (1). »

Il existait du côté du midi un grand clocher. Un chef des Religionnaires, Abdias de Chaumont, seigneur de Bertichères, s'était fortifié dans ce clocher et sur toute l'église, où il se maintint fort longtemps,

______

(1) *Notice historique sur saint Gilles et son culte*, par M. Teissonnier, p. 174, 175.

exerçant sur les catholiques la plus détestable tyrannie (1).

Il est remplacé par de Roise, que nous trouvons encore en possession du fort de St-Gilles en 1622, lorsque Henri de Rohan, un des premiers chefs du parti, lui ordonna de démolir ce fort et de raser jusqu'à terre le vieux bâtiment de l'église (2).

L'histoire nous représente les bandes de démolisseurs arrivés de Sommières et de Marsillargues, s'appliquant, avec un zèle digne d'une meilleure cause, à consommer leur œuvre de vandalisme.

Le pouvoir leur échappa enfin, mais trop tard pour notre célèbre et malheureuse église. Démantelée en grande partie, privée de son magnifique clocher romano-bysantin, les pans de voûte et le clocher, que M. de Hautpoul avait trouvés droits, étaient démolis. Il ne restait plus alors que la crypte, dont le tombeau avait disparu, une voûte du côté du nord, des arceaux surmontant encore les imposantes ruines du chœur, enfin l'incomparable façade

(1) *Notice historique sur saint Gilles et son culte*, par M. Teissonnier, p. 174, 175.
(2) Ménard, *Histoire de Nîmes*, t. V, p. 458.

avec ses figures d'apôtres, ses dentelures et arabesques, ses chapiteaux et ses lions, que d'autres mains barbares se plairont bientôt à outrager.

Autrefois, tristement penché sur les remparts détruits de Jérusalem, sa patrie, et de son temple renversé, le Prophète des douleurs exhalait sa plainte en ardentes prières et en longs cris de désolation, appelant des jours plus heureux pour ce sanctuaire profané. Tels durent être les sentiments des cœurs chrétiens à la vue de l'église de St-Gilles indignement mutilée, de ce monastère illustre, de toutes ces fondations pieuses qui formaient autour de l'abbaye comme une couronne de gloire et d'honneur, et dont il restait à peine quelques ruines.

Le moment n'est pas venu encore de saluer sa résurrection. Tertullien disait en parlant du martyre : « Le soldat du Christ renversé dans l'arène subit mille tortures, est accablé par les coups mille fois répétés de ses tyrans persécuteurs ; mais on ne lui fait pas une blessure qui ne le couvre d'une palme, on ne répand pas une goutte de son sang qui ne soit voilée par une couronne ; le nombre de ses victoires l'emporte sur les violences de ses ennemis (1) » O église de St-Gilles, que ne puis-je t'appliquer ces paroles d'un grand écrivain des premiers siècles ! Mais non, tu n'as pas livré tes derniers combats ; ton front mutilé est réservé à de plus tristes dégradations ; avant l'heure de ta résurrection glorieuse, de nouveaux outrages t'attendent !

La grande et magnifique façade de la basilique avait résisté aux efforts terribles des Albigeois ; les Réformateurs du XVIe siècle l'avaient respectée, faisant pour elle une exception, dont l'histoire cependant ne leur doit aucun compte, car elle est obligée de constater que le temps leur manqua et non la volonté. Le nouvel orage qui grondait sur la France devait achever l'œuvre de destruction.

Héritière de la haine de toutes les hérésies contre le Christ et son Église, la Révolution allait renchérir sur le vandalisme des siècles précédents.

A sa voix, le marteau des démolisseurs se lève encore contre ce monument. Les statues qui décorent sa façade sont profanées et mises en pièces. Les

______

(1) *Corona premit vulnera, palma sanguinem obscurat, plus victoria tumet quam injuria.* Scorp. n· 6.

saintes images de la Passion du Sauveur, de la Sainte Vierge et des Saints subissent le même sort.

Les restes de l'ancien chœur, la partie la plus belle et la plus intéressante, majestueux débris qui, en 1622, échappèrent à la barbarie des Vandales commandés par Bertichère, ne trouveront pas grâce devant les impies niveleurs de 1793. Quelques vieillards encore se souviennent d'avoir vu ou d'avoir entendu redire par leurs pères la beauté de ces arceaux élancés du vieux chœur, la hardiesse de ces voûtes à demi-ruinées et respectées par les siècles qui avaient passé sur leurs arcades mutilées sans oser les renverser. Plus impitoyable que les siècles, la Révolution voulut avoir raison de ces reliques précieuses de l'art chrétien, témoins pour elle trop importuns d'une foi abhorrée !

La crypte et ses dépendances sont livrées à des usages profanes ; toutes les richesses artistiques que l'église de St Gilles avait acquises par la générosité des fidèles et ses propres ressources sont impitoyablement livrées aux flammes. Une main pieuse a tracé sur un des arceaux de la crypte le récit de ces actes de honteux vandalisme. L'inscription est ainsi

conçue : « *Les siècles à venir sauront qu'en 1793,*
» *l'église ci-dessus fut totalement ravagée et tou-*
» *tes les saintes images brûlées sur la place.* »

Dans cet affreux cataclysme, il est aisé de com-
prendre que le pèlerinage de St-Gilles dut éprouver
un dernier et suprême contre-coup. Désormais le
silence des tombeaux va régner dans la crypte sainte, tandis que dans l'église supérieure s'accompli-
ront les honteuses saturnales d'un culte inspiré par
l'enfer et contre lequel proteste la raison indignée.

Qui ne souhaiterait à l'Église ces « *jours anciens* (1) » dont parle l'Écriture, pendant lesquels
il lui était permis d'exercer sa douce influence sur
les peuples soumis à son autorité ? Alors comblée
des biens de la terre, forte de la protection des rois,
elle usait de ses richesses pour soulager les pauvres
et pour bâtir des sanctuaires dignes de la gloire et
de la grandeur de Dieu. Mais on lui dispute aujourd'hui, avec ses droits et sa liberté, les humbles
ressources qui suffisent à peine à l'honneur de son
culte et au soulagement des membres souffrants de

______

(1) *Rememoramini pristinos dies.* Heb. x, 32.

Jésus-Christ. (1) C'est que l'Église doit être jusqu'à la fin l'Église des combats. Mais Dieu, dans sa miséricorde, lui réserve, par intervalle, des jours de gloire et de triomphe. Elle se repose alors dans la paix et se réjouit dans la résurrection de ses œuvres. La découverte inespérée du tombeau de saint Gilles doit nous faire assister à une de ces heures d'ineffable consolation.

---

(1) Nous ne pouvons omettre ici un détail concernant ces dotations si nombreuses faites à l'église de St-Gilles durant les siècles de foi. Une rente de 165 liv. avait été fondée vers l'an 1300 par un généreux Génois, Charles Almando-di-Ripalnado. Chose surprenante, unique peut-être, cette rente a été conservée, seule épave de tant de richesses dévorées par la Révolution, précieuse par son origine et ses souvenirs, bien que lourdement grevée et considérablement amoindrie par l'impôt italien.

CHAPITRE QUATRIÈME

DÉCOUVERTE DU TOMBEAU DE SAINT GILLES
RÉSURRECTION DES PÈLERINAGES.

> *Tu cognovisti sessionem
> meam et resurrectionem
> meam.*
>
> Vous avez connu, Sei-
> gneur, l'heure de mon
> abaissement et l'heure de
> ma résurrection.
>
> Ps. CXXXVIII. 2.

HISTOIRE DE LA DÉCOUVERTE

Malgré la tempête qui, tant de fois, s'était abat-
tue sur Saint-Gilles et son monastère, la crypte
restait debout, dans un état de conservation presque
miraculeuse. Elle avait perdu cependant son plus
riche trésor : le tombeau et les précieuses reliques

qu'il renfermait avaient depuis longtemps disparu.

Mais ce monument de la foi et de la piété de nos pères envers l'illustre solitaire de la vallée Flavienne allait-il être voué pour jamais à l'oubli? Pour la crypte de saint Gilles, comme pour le Calvaire, les splendeurs d'une résurrection glorieuse ne devaient-elles pas succéder aux douleurs de la mort, aux humiliations du Prétoire?

Écoutons à ce sujet les accents émus de Mgr Plantier racontant à ses diocésains l'histoire de la découverte du tombeau de saint Gilles. On croirait entendre saint Ambroise redisant aux fidèles de Milan l'invention des reliques des saints Gervais et Protais, qu'il avait retrouvées dans « *l'ardeur d'un* « *pressentiment prophétique.* »

DÉCOUVERTE DU TOMBEAU DE SAINT GILLES.

« Notre incomparable basilique de Saint-Gilles
« avait possédé, dans des siècles antérieurs, le tom-
« beau de l'immortel solitaire dont elle portait le
« nom. Mais ce sépulcre avait disparu depuis le
« XVIe siècle, si funeste à tant de monuments sa-
« crés dans nos provinces. Avait-il été détruit par
« le fanatisme de la Réforme? avait-il été caché
« dans quelque abri tutélaire par la piété des fidè-
« les? Questions auxquelles les annales écrites et
« les traditions locales refusaient de répondre. Mais
« un jour vint, où Dieu daigna faire une grâce:
« *Dominus gratiam dedit* ». A peine installé dans
« cette paroisse comme curé, M. l'abbé Goubier
« sentit en son cœur je ne sais quoi qui ressem-
« blait au secret pressage de saint Ambroise: « *Ar-
« dor præsagii* ». Un instinct mystérieux le poussa,
« comme malgré lui, à faire commencer des fouil-
« les dans l'église souterraine de Saint-Gilles et sur
« un point désigné. Ingrates d'abord, ces recherches
« ne tardèrent pas à combler de joie celui qui les

« avait entreprises. Sous d'énormes ruines entas-
« sées dans un intelligent désordre, le pic du tra-
« vailleur fit résonner un tombeau (1). A ce bruit
« sourd, mais révélateur, un doux frisson court
« dans les veines. On arrive au sépulcre d'où il est
« parti ; nulle inscription ne se montre au regard
« inquiet qui l'interroge ; mais on retourne bientô
« la pierre qui le recouvre. O bonheur ! des lettres
« grossières, mais dont la date et la véracité sont
« attestées par leur grossièreté même, annoncent
« que c'est là que repose le corps de saint Ægidius (2).
« A l'instant, sur notre appel, une commission for-
« mée d'hommes aussi compétents qu'honorables
« étudie ce monument avec autant de conscience
« que de lumière, et les conclusions de son travail,
« proclament bientôt avec fermeté que cette tombe
« est très-authentiquement celle du grand solitaire.

(1) 29 août 1865.

(2) Voici l'inscription gravée sur le tombeau :

IN. H. TVML. Q. C.

B. ÆGD.

Dans ce tombeau repose le corps du bienheureux Ægidius.

« Mais cette tombe n'était pas entièrement vide.
« De nombreux débris d'ossements y reposaient en-
« core. Il s'agissait de savoir s'ils avaient appartenu
« au corps du saint abbé. Pour éclaicir ce point de
« fait, nous avons sollicité la nomenclature **des re-**
« liques de saint Gilles, dont Toulouse est en pos-
« session. Monseigneur l'archevêque a daigné nous
« envoyer cet inventaire, muni du sceau de l'arche-
« vêché. Deux médecins ont comparé cette énumé-
« ration soit avec les os que nous possédions déjà,
« soit avec ceux que nous avons découverts dans le sé-
« pulcre nouvellement retrouvé ; rien ne se répétait,
« et tout coïncidait à merveille. Prenant ensuite
« l'histoire, nous nous sommes rendu compte des
« parcelles de reliques emportées autrefois chez di-
« vers peuples par la piété des pèlerins ; aucun doute
« n'est sorti de là pour nous empêcher de regarder
« comme authentiques celles que la Providence ve-
« nait, après trois siècles de disparition, de ramener
« sous nos yeux... Nous n'hésitons plus à déclarer
« que le tombeau découvert est le tombeau de
« saint Gilles, que les fragments d'os contenus dans
« ce sépulcre ont fait partie du corps du saint abbé ;

« que cette tombe et les reliques dont elle est dépo-
« sitaire ont droit à retrouver les honneurs de la vé-
« nération publique, et que, pour les signaler à cette
« dévotion populaire, dont nous les estimons di-
« gnes, nous autorisons pour le 22 octobre (1867)
« la célébration d'une cérémonie triomphale dans
« cette crypte, où leur gloire, si longtemps éva-
« nouie, vient de reparaître (1). »

RESTAURATION DE LA CRYPTE

Le tombeau découvert il fallait rendre à la crypte
quelque chose de cette beauté, ou tout au moins de
cet air de décence et de propreté qu'elle avait perdu
dans la disparition du tombeau. Un grand travail
de réparation allait donc commencer.

Deux choses étaient nécessaires : un zèle ardent
et soutenu, une direction intelligente qui dispose-
rait de ressources proportionnées à la grandeur de
l'œuvre.

(1) Lettre pastorale de Mgr l'évêque de Nîmes, sur la découverte du tombeau de S. Gilles. Octobre 1867.

Dieu avait suscité pour cette restauration difficile deux hommes capables de la mener à bonne fin. Le premier, nous l'avons nommé, était le curé de la paroisse, M. l'abbé Goubier. On le verra consacrer à ce travail de réédification tout le zèle de son âme ardente et les talents précieux que le ciel lui avait départis. Le second, M. Révoil, architecte des monuments historiques, dirigera sans défaillir jamais, au milieu de difficultés sans nombre, les travaux délicats imposés à sa science et à son dévouement. Une subvention spéciale, ajoutée aux subsides de la fabrique par M. le préfet du Gard, seront les premières ressources employées à cette réparation majeure.

Laissons le digne et bien-aimé curé redire à ses paroissiens, dans ce langage que lui inspira toujours et la distinction de son intelligence et la noblesse de son cœur, les détails intéressants de cette grande œuvre.

« Au sud du vieux temple et non loin de la porte
« du cloître, une large pierre romaine recouvrait le
« puits tristement fameux dans l'histoire du XVIe
« siècle. Objet plein d'intérêt, surtout comme sou-
« venir traditionnel du voisinage de la grotte de
« St-Gilles qui, sans doute, usait de ses eaux, ce

« puits, fermé depuis plus de trois siècles, ne
« pouvait toujours demeurer voué à l'anathème de
« l'oubli. Nous voulûmes qu'il fût ouvert : c'était
« le 1er octobre 1864. Un amas de décombres l'obs-
« truaient dans une profondeur de plus de sept mè-
« tres ; il fut consolant, depuis, de voir les fidèles
« recourir à cette eau sanctifiée par le sang des mar-
« tyrs et d'en entendre louer la salutaire bienfai-
« faisance.

« Plus tard, une transformation sensible s'opé-
« rait dans la crypte, et la vie semblait y renaître
« radieuse comme au jour de ses antiques fêtes.
« Nous ne devons pas oublier que Dieu, l'ayant
« convertie en cimetière, elle devait toujours garder
« le caractère solennellement grave et lugubre de
« son passé. . . . .

. . . .

« Or, une première cérémonie sous ces voûtes
« sépulcrales, avant l'heure d'une consécration dé-
« finitive au culte des morts ; que pouvait-elle être,
« sinon l'office des trépassés ?.... (1). »

(1) Mémoires aux fidèles de Saint-Gilles sur les travaux
qui ont amené la découverte du tombeau de leur saint patron.

Mais les événements providentiels accomplis dans la crypte, et que nous avons racontés au commencement de ce chapitre, appelaient une transformation plus complète. Il s'agissait de remettre le tombeau en lumière et d'en faire le point central de l'édifice tout entier, comme il l'avait été dès le principe.

Les fouilles étant comblées et les plans définitivement adoptés, on se mit à réparer avec un art admirable les voûtes, les arcs doubleaux, les piliers et les corniches maltraités par les démolisseurs de diverses époques. On a dit, sans doute avec raison, qu'il était entré dans ce travail difficile autant de matériaux qu'il en faudrait pour édifier une église spacieuse.

Une chapelle, rappelant les Confessions des basiliques romaines fut creusée dans la cavité du saint tombeau. Un pavé en mosaïque y fut placé, et une grille, semblable à celles que l'on voit autour des plus beaux monuments de ce genre dans la capitale du monde chrétien, se dressa autour du sépulcre. Des candélabres à treize branches en surmontent les quatre angles. Les pieux fidèles aimeront, dans les jours de solennités, à les orner de flambeaux, touchant symbole de leur foi et de leur amour pour le grand saint Gilles.

A la tête du tombeau, on remarque un autel antique : c'est celui sur lequel le saint anachorète disait la messe. De l'autel on peut monter dans l'ancien chœur, où se célèbrent, à certaines époques de l'année, les offices solennels établis en l'honneur de la découverte glorieuse du tombeau, et pendant l'octave des morts.

Cinq fenêtres surbaissées et d'une harmonie parfaite avec le reste de l'édifice donnent un jour convenable à l'église souterraine.

On n'a garde d'oublier, en visitant la crypte, cet escalier à pente douce par lequel les moines descendaient de l'église haute pour célébrer l'office canonial (1).

Derrière l'escalier ont été recueillies en grande partie les pierres amoncelées sur le saint tombeau et que l'on peut appeler des pierres précieuses. Voici

(1) Extrait de l'*Histoire de l'invention du tombeau de saint Gilles*, par M. J-M. Trichaud.

déjà un monolithe en pierre dure ; à la suite, un sarcophage en marbre blanc, avec des sculptures d'une grande beauté, représentant l'entrée des rois Mages à Jérusalem ; il est du IVe siècle. Puis apparaissent successivement des débris d'anciennes chapelles, colonnes, chapiteaux, corniches, frises, figurines, etc., etc. On les croit des restes de la basilique supérieure.

Si nous rapprochons de ce tableau le triste état de la crypte avant ces réparations nécessaires, nous serons bien forcés de nous écrier : « *Digitus Dei est hic,* » le doigt de Dieu est ici. La main de l'homme s'était déshonorée en défigurant l'œuvre sainte des âges de foi ; la main de Dieu s'est révélée dans sa force et dans sa bonté ; elle a donné au monument sacré une seconde vie et l'a fait sortir de ses ruines. Hier encore, c'était en tremblant que le visiteur s'aventurait sous ces voûtes sombres, rendez-vous infect des oiseaux nocturnes : aujourd'hui en élevant les regards vers ces voûtes transfigurées, on croit voir une tente splendide dressée sur la tête du voyageur pour le protéger contre les feux ardents du soleil. Hier on ne respirait dans ces lieux abandon-

nés que des exhalaisons d'une humidité malsaine;
aujourd'hui l'encens du sacrifice s'unit au parfum
plus précieux de la prière des fidèles et du pasteur,
pour offrir à l'âme chrétienne comme une émanation
du ciel.

RÉSURRECTION DES PÈLERINAGES

Ne soyons pas surpris qu'une ère nouvelle s'ouvre pour cet crypte et ce tombeau onze fois sécu-
laires. Les hérésies et les révolutions ont pu défigurer
le marbre, briser les inscriptions, remplir les puits
de victimes innocentes et pures; jamais elles n'ont
pu complétement effacer de la mémoire ce que Dieu
y avait écrit par la vie de ses saints. Nous nous
écrierons ici avec Lacordaire : « Ce qui est gravé sur
« l'autel par le culte et dans le cœur par la prière,
« dure plus que le marbre et que l'airain ; et les
« rois qui n'ont que l'histoire pour vivre, ont assu-
« rément moins que ne donne à leurs apôtres l'âme
« des générations (1). »

(1) *Sainte Marie Madeleine*, page 146,

Mgr Plantier, dans son remarquable mandement cité plus haut, avait surtout émis le vœu que la chaîne brisée des anciens pèlerinages au tombeau de saint Gilles, fût renouée par la découverte presque miraculeuse de ce même tombeau.

« Verrons-nous, » s'écriait l'illustre prélat, « un « avenir stérile succéder à un passé si fécond? Ce « sépulcre n'aura-t-il été rendu à nos hommages « que pour être solennellement convaincu d'im- « puissance?.... C'était autrefois une source de ré- « surrection et de vie qui jaillissait de cette pierre, « sur laquelle planait l'ombre du grand anachorète, « et ceux qu'il avait réjouis par ses prodiges s'en « retournaient dans leur patrie par tous les chemins « du globe, chantant en l'honneur de saint Ægidius « des hymnes de reconnaissance et d'admiration. »

Votre parole sera entendue, ô saint Pontife! et le pèlerinage de Saint-Gilles, dont vous avez rouvert les voies par votre éloquence et votre exemple, de- viendra de nouveau pour notre Saint une cause de gloire, et pour vos enfants, un principe d'édification et de ferveur.

Mgr Plantier voulut être le premier pèlerin de

la crypte restaurée et se placer ainsi à la tête des foules pieuses qui viendront désormais s'agenouiller auprès du glorieux tombeau.

INAUGURATION SOLENNELLE DE LA DÉCOUVERTE DU TOMBEAU

C'était le 22 octobre 1867, l'heure du triomphe avait sonné; le sépulcre sacré allait retrouver les honneurs d'un culte public.

Les évêques de Nîmes et de Digne arrivaient à St-Gilles, au milieu des acclamations et des cris de joie de la population. Les rues avaient été transformées en longues et fraîches galeries de verdure. Les cloches lancent dans les airs leurs plus joyeuses volées, tandis que les prêtres, arrivant de toutes les les avenues, se groupent autour de Mgr de Nîmes, qui va consacrer le nouvel autel de la crypte.

Après cette première cérémonie, une grand'messe pontificale fut célébrée à l'autel supérieur par l'évêque de Digne, Mgr Meirieu, que la ville de St-Gilles compte avec orgueil au nombre de ses plus illustres enfants.

Le soir aux vêpres, Mgr de Cabrières, aujour-d'hui évêque de Montpellier, alors vicaire-général de Nîmes, monta en chaire, et pendant quelques instants trop courts, tint sous le charme de sa parole sympathique l'immense auditoire qui remplissait la crypte.

Nous ne disons rien de cette magnifique procession qui se déroula, après les vêpres, à travers nos rues admirablement décorées, de cette façade de la basilique dessinée par des milliers de lumières. Ce qu'on n'oubliera jamais, c'est cet instant solennel où, du haut d'un autel splendidement orné et s'élevant sous la porte principale, la bénédiction du T.‑S. Sacrement fut donnée à cette foule recueillie qui refluait au loin dans les rues adjacentes (1).

« Quelques jours après, à l'issue des vêpres, Mgr de Digne procédait à la cérémonie de la déposition dans le tombeau des reliques qui en avaient été

----

(1) *Extrait de la semaine religieuse de Nîmes,* 20 octobre 1867.

extraites lors de la découverte. Une allocution appropriée à la circonstance fut prononcée par l'éminent prélat.

« En descendant de chaire, le pontife, revêtu de la chape et portant la mitre sur la tête, s'est dirigé vers l'autel provisoire sur lequel les restes sacrés de saint Gilles reposaient depuis le matin. Les prenant ensuite avec une piété touchante, Sa Grandeur vint se placer devant le tombeau déjà ouvert.

« Dès qu'elle s'est inclinée dans l'enceinte grillée pour déposer la boîte en plomb scellée par Mgr Plantier, il s'est produit au sein de la foule un tel frémissement de bonheur, que, n'était le respect imposé par la majesté de la cérémonie, l'ardeur de sa foi eût éclaté en transports. Aussitôt tous les enfants infirmes sont déposés sur la pierre qui venait de dérober les reliques du saint patron aux regards de la foule. Les sanglots, jusques-là comprimés, faisaient explosion et les larmes coulaient de tous les yeux (1). »

(1) Extrait des notes de M. l'abbé Goubler.

De si beaux commencements devaient être couronnés de succès. Depuis lors, chaque année, le jour anniversaire de la découverte du tombeau conduisit à St-Gilles de nombreux pèlerins. C'est d'abord la paroisse de Vauvert, puis celle de Valabrègues, sous la direction de son curé, M. l'abbé Bieau, enfant de St-Gilles ; plus tard ce sont les membres de l'Œuvre du Suffrage de Nîmes et les Religieux de l'Assomption avec une partie de leurs élèves.

NOUVELLES TRISTESSES

Mais quelques mois après, l'église de St-Gilles devenait veuve. Une mort prématurée venait frapper son pasteur, le digne et regretté M. Goubier. Il avait restauré la crypte après lui avoir rendu son précieux trésor. « *Le zèle de la maison du Seigneur l'avait dévoré.* » Dieu trouva ses jours remplis et se hâta de l'appeler à lui pour le récompenser (1).

---

(1) 1er mai 1872. Ses restes ont été déposés dans la crypte, devant la Confession de saint Gilles. En face, depuis près

Un successeur, digne de recueillir ce riche héritage, lui fut donné (1). La mort vint de nouveau frapper à ce presbytère, et ses coups plus imprévus encore ravirent à ce troupeau doublement désolé un pasteur que ses enfants connurent à peine, tant fut rapide son passage au milieu d'eux.

Ce voile de deuil jeté à deux reprises sur la paroisse de St-Gilles, retarda pour un temps l'élan des pèlerinages.

RÉSURRECTION DU PÈLERINAGE

Un troisième curé est nommé. Il se montre désireux de continuer l'œuvre de ses devanciers. Le ciel, après des jours de tristesse, semble vouloir bénir ses efforts. De précieux encouragements lui viennent en aide. M. Baudon, président des Conférences de St-Vincent-de-Paul, veut bien, à l'occasion du ré-

d'un demi-siècle, se trouve la tombe d'un autre curé de St-Gilles, M. Dorthe, dont la mémoire vivra éternellement bénie au sein de la population.

(1) M. l'abbé Bastien, décédé le 25 juin 1873.

tablissement de la Conférence à St-Gilles, recom-
mander notre pèlerinage aux membres de cette association éminemment catholique (1). Quelques
mois après M. Baudon venait lui-même accomplir
un pèlerinage à Saint-Gilles.

L'organe officiel des pèlerinages en France (2)
rappelle aux pèlerins des Saints Lieux le souvenir
des Croisés, qui s'arrêtaient au tombeau de saint
Gilles avant de partir pour la terre sainte ; il fait
connaître les titres qu'offre encore à leur dévotion
cette tombe d'un humble solitaire, auprès de laquelle tant d'illustres croisés vinrent s'agenouiller.

Ces éloges, décernés au pèlerinage de St-Gilles
par des voix aussi autorisées, produisent d'heureux
résultats.

Déjà, le 29 août 1873, huitième anniversaire de
la découverte du tombeau, M. l'archiprêtre d'Arles,
curé de St-Trophime, arrivait à St-Gilles accompagné de sa maîtrise et d'un clergé nombreux et
prêtait son honorable concours à la fête. Une messe

(1) *Bulletin des Conférences St-Vincent-de-Paul*, juin
1876,
(2) *Le Pèlerin*, n° du 11 mars 1876.

était exécutée par les hommes et les enfants de St-Trophime. Le soir, dans un éloquent discours, M. l'archiprêtre montrait l'alliance qui avait uni, dès les premiers siècles, les deux églises de St-Gilles et d'Arles, alliance qui allait toujours se fortifiant, malgré le cours des âges et des révolutions.

L'année suivante, les fêtes de St-Gilles étaient rehaussées par la présence du Révérendissime Père Edmond, abbé des Prémontrés. Fils dévoué de saint Norbert, qui, lui aussi, avait visité St-Gilles et son antique basilique, il venait, à la tête de sa communauté, accomplir un pèlerinage précieux à son cœur.

On vit plus tard un grand nombre de pèlerins de Cette, conduits par l'infatigable curé de St-Louis, M. l'abbé Gaffino, pèlerin des Saints Lieux, rendre au tombeau de saint Gilles les hommages de leur pieux respect et de leur ardent amour. Une année n'était pas encore écoulée, et la même ville de Cette offrait une seconde fois ce consolant spectacle.

Tous les ans, les nombreux fidèles qui accourent du fond de la Provence, lors des fêtes des Saintes-Marie-de-la-mer, font une halte à St-Gilles, pour y vénérer le saint tombeau.

PÈLERINS DIVERS

A côté de ces pèlerinages accomplis par les foules, que de noms recommandables n'aurions-nous pas à mentionner ici ! Pèlerins isolés, il est vrai, touristes ignorés, mais unissant, pour la plupart, à leur foi dans l'intercession du grand Saint, l'amour passionné de l'art chrétien et une vive admiration pour les restes mutilés de l'antique basilique. Leurs noms sont religieusement conservés dans les *Archives du pèlerinage*.

Mais le pèlerin que nous ne saurions oublier ici, c'est Mgr Plantier, l'illustre évêque de Nîmes. Quelques jours à peine le séparaient de la mort, et on le vit, malgré son état de faiblesse extrême, descendre dans la crypte et se prosterner devant ce tombeau, dont il avait inauguré la découverte presque miraculeuse et redit les gloires impérissables, dans l'admirable lettre pastorale que nous avons citée plusieurs fois. C'était le 11 mai 1875 ; le 25, Monseigneur rendait sa belle âme à Dieu.

MGR BESSON, ÉVÊQUE DE NIMES

Le Seigneur dans sa miséricorde, allait apporter au pèlerinage de St-Gilles un digne couronnement à tant de grâces précieuses et de visites célèbres.

Le 14 avril, 1877, la ville de St Gilles possédait dans ses murs S. G. Mgr Besson, qui fait revivre sur le siége de Nîmes la gloire des illustres prélats, ses prédécesseurs. Il nous fut doux d'écouter sa parole éloquente, nous disant tout ce que son cœur éprouvait d'amour et d'admiration pour le grand Solitaire de la vallée Flavienne. Nous étions heureux de l'entendre parler, avec cette rare érudition qui le distingue, de toutes les gloires de notre pèlerinage. Notre joie était grande surtout quand il affirmait que lui, évêque de Nîmes, voulait rendre à notre église tout l'éclat que lui avait ravi le malheur des temps, en rapportant, si Dieu bénissait son entreprise, les précieuses reliques de saint Gilles dont la basilique de St-Sernin de Toulouse garde le dépôt. Là, sans doute, elles sont honorées comme elles méritent de l'être ; mais leur place n'est-elle pas plutôt la crypte, onze fois séculaire, élevée par la foi des générations, sous la bénédiction des Papes et avec les aumônes de la chrétienté, pour les posséder et les conserver à jamais ?

PÈLERINAGE DES CONFÉRENCES DU MIDI

La visite de Mgr Besson à St Gilles porta bonheur à notre pèlerinage ; ses bénédictions produisirent bientôt leur fruit, sa prière de Pontife et de Père fut exaucée.

Monseigneur quittait St-Gilles le 15 avril ; le 29 du même mois, un pèlerinage composé de quatre cents membres des Conférences de St-Vincent-de-Paul, des diocèses de Montpellier, de Nîmes et d'Aix, arrivait à St-Gilles et lui rappelait la gloire de ses anciens jours. La presse catholique de la province fut unanime à redire la beauté de cette pieuse et pacifique manifestation, que le Souverain Pontife Pie de IX encourageait sa bénédiction, dans un télégramme adressé en son nom, par le Cardinal secrétaire d'État aux conférences réunies à St-Gilles.

Les pèlerins, après avoir assisté aux offices solennels dans l'antique basilique et s'être occupés des pauvres et des classes ouvrières dans plusieurs séances, quittèrent St-Gilles au milieu des flots pressés d'une population sympathique et reconnaissante. L'année suivante, le même spectacle édifiant nous était donné par les cercles catholiques des ouvriers d'Arles.

Deux plaques commémoratives offertes par les pèlerins ont été placées dans la crypte pour perpétuer le souvenir de leur passage au milieu de nous.

EMBELLISSEMENT DE L'ÉGLISE SUPÉRIEURE

Tandis que la crypte et son tombeau recevaient les témoignages d'un empressement unanime, l'église supérieure héritait d'une part non moins précieuse des mêmes hommages de dévouement généreux.

Douze fenêtres, fermées sans doute par un motif de déplorable économie, ont été remises en lumière. De riches verrières dues, en partie, à la

piété des familles chrétiennes de la paroisse, rappellent, avec la générosité des donateurs, la vie et
les exemples de Jésus-Christ, le roi des Saints, de
Sa Mère Immaculée, de saint Gilles et des principaux Saints vénérés dans la paroisse. Des statues
monumentales embellissaient le chœur, pendant
que se dressaient dans la crypte, à côté du tombeau
de saint Gilles, les deux figures les plus illustres et
les plus chères à notre cité : nous avons nommé
saint Louis et Clément IV.

PÈLERINS ÉTRANGERS

Cet élan religieux, en faveur de la basilique de
St-Gilles, sera partagé par les chrétiens des pays les
plus éloignés. Chaque jour amène dans notre
crypte de nombreux anglais. Qu'il nous soit permis de citer M. et Mme John Archer Honblon, le
noble possesseur du château d'Hallingbury, près
Bishops Stortford, dont l'église est dédiée à saint
Gilles ; Henri Boyd, H. P. Liddon, Révérend J.
Veré Bayne, professeurs à l'université d'Oxford ;

Mlles Helen Taylor et Helen de Zoëte ; G. W. de
Lisle, C. Sankey, H. Richardson, professeurs au
collége de Marlborough ; C. J. Knight, architecte
à Londres.

ENCORE LA BELGIQUE ET L'ANGLETERRE

Nous avions pu nous rendre compte, par les
visites des pèlerins venus de lointaines régions à
St-Gilles, des sentiments qui animaient leur cœur
pour notre grand patron. Nous les voyions s'unir
aux accents d'une prière commune à laquelle nous
les avions conviés. Ils croyaient retrouver, devant
le tombeau de saint Gilles, la patrie qu'ils avaient
quittée, et, avec elle, les symboles du même culte,
les images du même Saint, que leur avaient légués
leurs aïeux.

Des témoignages non moins consolants nous
arrivaient aussi des extrémités de l'Angleterre et de
la Belgique. Ils nous prouvaient d'une manière
certaine la vitalité du culte de saint Gilles dans ces
contrées. Un jour il nous fut donné de faire par
nous-même la douce expérience de la réalité de ces
sentiments qui devaient nous être si chers.

Bruges, une des villes les plus importantes de la Belgique, justement fière de posséder quelques gouttes du précieux sang du Sauveur, est, aux yeux des habitants de St-Gilles, célèbre à d'autres titres encore. Là s'élève une paroisse dédiée à saint Gilles, paroisse que sa piété, son zèle et son admirable organisation rendent digne de marcher en première ligne sous la bannière de l'illustre solitaire de la vallée Flavienne. Combien fut grande notre émotion à la vue d'une relique insigne de saint Gilles conservée dans cette église ! C'est un bras enchâssé dans le cristal, surmonté d'une main en argent ; il est de la part des fidèles l'objet de la plus grande vénération.

Mais au milieu de tous ces cœurs dévoués au culte de saint Gilles, il en est un que nous ne saurions oublier. C'est M. l'abbé Rembry, chanoine de la cathédrale de Bruges et secrétaire à l'évêché.

A côté de ce prêtre nous aimons à placer le nom de M. l'abbé V. Vanaecke, chapelain du Précieux-Sang, digne émule du chanoine Rembry dans sa foi et sa confiance en saint Gilles.

Nous ne sommes pas tenté d'attribuer à notre

humble personne les témoignages d'estime que nous ont valus, dans la cité de Bruges, nos rapports intimes avec plusieurs ecclésiastiques distingués, et en particulier avec M. l'abbé Rembry. Le titre de curé de St-Gilles était tout à leurs yeux. Le prêtre obscur qui passait au milieu d'eux appartenait au diocèse de Nîmes, alors en deuil de son premier pasteur, Mgr Plantier. Bruges avait entendu l'illustre orateur, et les échos de cette voix éloquente étaient encore vivants dans toutes les âmes. C'est à ce double titre que nous pûmes agréer, pour les renvoyer à ces deux grandes mémoires, à notre évêque regretté et au patron de notre église, les paroles bienveillantes de M. le représentant de Clerq, et les procédés pleins de délicatesse dont nous fûmes l'objet de la part du clergé réuni au presbytère de St-Jacques, dont Bruges célébrait la fête.

L'Angleterre, on le sait, a été dévouée dans tous les temps au culte de saint Gilles, et rien, malgré les ruines amoncelées par la Réforme, n'a pu lui arracher l'image vénérée et bénie de notre Saint.

Londres a donné au reste de l'Angleterre l'exemple de cette surprenante fidélité. Une paroisse importante est dédiée à Saint-Gilles ; un quartier populeux porte son nom. Il nous a été donné d'y recevoir la bénédiction de l'illustre cardinal Manning. Son Éminence daigna nous admettre dans son palais et nous exprimer les vœux les plus ardents pour la restauration de l'antique basilique de St-Gilles, renversée, elle ne l'ignorait pas, par les prétendus réformateurs du XVIe siècle. « Oh ! « priez pour cette ville de Londres, » nous disait le cardinal en nous bénissant, « offrez mon souvenir « affectueux à John Archer Honblon, mon condis- « ciple d'Oxford, et que le ciel vous aide dans « votre pieuse entreprise, vous le prêtre du grand « évêque de Nîmes, qui fut mon ami. »

Le lendemain, l'église paroissiale du château de Hallingbury, consacrée à saint Gilles, recevait la visite de deux ecclésiastiques. L'un, nouveau catholique, appartenait au Carmel de Londres ; l'autre était le curé de St-Gilles, en France. La famille Archer Honblon, après une réception comme savent en faire les familles opulentes de l'Angleterre, avait bien voulu accompagner ses hôtes dans cette église réparée par ses soins.

Cette église est un des plus curieux monuments de l'architecture du moyen-âge encore debout au sein de l'Angleterre. Son style est gothique. Une tour romane, dans laquelle est enchassée la statue de saint Gilles, en surmonte le porche. Un arceau du même style sépare le chœur du reste de l'église. Une fenêtre latérale murée rappelle les ouvertures pratiquées au moyen-âge, et appelées, à cause de leur usage, *fenêtre des lépreux.* Un autel se dresse, dans le chœur; des stalles admirablement sculptées et sur lesquelles se font remarquer les statues de saint Gilles et de sainte Catherine, en ornent l'entrée.

Devant ces restes bénis du catholicisme, conservés avec tant d'amour et restaurés avec un goût exquis, notre âme fut émue. Elle éprouva un sentiment de muet étonnement à la vue de cette passion mysté-rieuse pour un culte qui ne cache plus là que des symboles et ne rappelle guère que des souvenirs. Ce phénomène de l'anglicanisme a fait dire à un auteur célèbre : «Quand je vois l'église anglicane se passion-

« ner ainsi pour les restes de ce culte catholique, je
« me représente une mère ayant perdu l'objet de
« sa tendresse et pressant sur son cœur le berceau
« vide d'un enfant qui n'est plus (1). »

A ce sentiment muet je ne pus qu'ajouter une
parole d'espérance et d'adieu : « Au revoir, m'écriai-
je, en saluant l'honorable famille dont j'avais reçu
la plus bienveillante hospitalité, laissez-moi espérer
qu'un jour, plus tard, il me sera permis de monter
à l'autel dans cette église, rendue par les prières de
saint Gilles au centre de la vérité catholique, dont
elle fut autrefois une des gloires les plus chères.

Après ces témoignages recueillis en faveur du
culte de saint Gilles dans ces contrées, n'est-il pas
permis d'espérer ? Les semences précieuses de vérité,
les étincelles d'un ardent amour pour le grand patron
de la vallée Flavienne, demeureront-elles toujours
stériles au sein de ces populations ? La foi ne
pourra-t-elle jamais, par leur influence, reprendre
son empire au milieu de ces multitudes dont elle

(1) Nettement, *Introduction aux Conférence du Cardinal Wiseman.*

fut proscrite aux jours d'aveugles persécutions ? Qui oserait l'affirmer ? Espérons-le plutôt, comme le feu divin transporté des splendeurs du Temple et caché, sous l'inspiration des prêtres, dans les profondeurs de la terre, s'éteignit pendant de longues années et s'élança plus tard en flammes brillantes vers le ciel d'où il était descendu (1) ; ainsi, la confiance de l'Angleterre et son culte envers saint Gilles et les Saints patrons dont elle a conservé l'impérissable souvenir deviendront le point de départ et la force de son retour à la vérité, comme ils l'ont été déjà pour un grand nombre de ses enfants.

ÉTAT ACTUEL DE LA PAROISSE

Si l'on compare l'état religieux de Saint-Gilles de nos jours à celui du Moyen-âge, on sera tout d'abord frappé d'une douloureuse surprise, et l'on se demandera comment un changement aussi considérable a pu s'opérer. Il n'est pas rare dans l'histoire de constater ce triste effet produit par les révolutions

(1) 2. Machab. I, 19

au sein de cités très-florissantes autrefois. Heureusement il reste encore à St-Gilles de quoi se consoler dans les ressources du présent des disgrâces et des pertes subies dans le passé. N'a-t-elle pas encore ses imposantes ruines qui lui attirent de toutes les parties du monde des pèlerins pieux et des artistes distingués ? Sa crypte ne fait-elle pas toujours l'admiration du monde avec le portail de sa basilique qui demeure, bien que mutilé, le *nec plus ultrà* du genre Bysantin (1) ? N'a-t-elle pas surtout conservé la foi de ses ancêtres, la foi catholique ? Certes, à la pensée de tous les efforts tentés depuis des siècles pour la lui arracher, au souvenir de la domination que les Albigeois et les Calvinistes exercèrent par la terreur durant de longues années, sans venir à bout de la déraciner ni même de l'amoindrir, puisque le nombre des enfants séparés par l'hérésie de l'église mère est à peine de 270, on peut le dire avec raison : « Le doigt de Dieu est là. »

---

(1) L'abbaye de St-Gilles a été le centre du style Goth pur. St-Gilles, Cluny et Sens sont les trois foyers successifs où se perfectionna la grande architecture religieuse.

(M. DE SAINT-ANDÉOL).

L'antique église abbatiale restaurée, ornée et embellie chaque jour avec plus de soin, se remplit le dimanche et les jours de fête d'une foule pieuse et recueillie, avide de participer au divin Sacrement. Un clergé réduit, il est vrai, à quatre membres jouit, dans sa modeste pauvreté, de l'affection et du respect de tous, parce que l'on sait qu'il compatit aux peines et aux souffrances de ses frères, qu'il s'efforce de soulager selon les faibles ressources dont il dispose, leur prodiguant avec le pain de l'aumône celui de la parole et de la vérité. Deux communautés florissantes, l'une, composée de huit Frères des Écoles chrétiennes, donnent tous leurs soins à la jeunesse de la paroisse qui se presse par centaines dans les classes trop étroites pour la contenir ; l'autre, sous la direction des filles de la Charité, dont l'établissement à Saint-Gilles remonte à plus de cent ans, partage ses travaux continuels entre les cinq cents jeunes filles qui fréquentent leurs classes, les malades, les salles d'asile, les cinquante orphelines qu'elles élèvent et la nouvelle maison des vieillards qui s'ouvre à cette heure.

A côté de ces ressources, une Conférence de St-

Vincent-de-Paul, des cercles catholiques, des sociétés pour la jeunesse chrétienne, des bibliothèques religieuses, offrent un aliment au zèle du clergé, des communautés et des fidèles de la paroisse ; tandis que plusieurs confréries d'hommes, de jeunes filles et de femmes chrétiennes constituent dans son sein une phalange sacrée consacrée à Dieu et à l'Église. N'y a-t-il pas là une bien douce consolation et un sujet de grande espérance en faveur d'une population qui compte à peine sept mille âmes et qui produit toutes ces merveilles de charité, de zèle et de foi ?

CHAPITRE CINQUIÈME

LA BASILIQUE DE SAINT-GILLES

> « *Vidi Jerusalem novam..*
> *paratam sicut sponsam ;...*
> *et audivi vocem magnam de*
> *throno dicentem: Ecce taber-*
> *naculum Dei cum homini-*
> *bus.* »
>
> « Je vis la nouvelle Jérusa-
> lem, parée comme une épou-
> se... j'entendis une voix qui
> disait : Voici le tabernacle de
> Dieu avec les hommes...»
>
> Apoc.. xxi, 2, 3.

Trois églises occupaient l'emplacement de notre insigne basilique quand on voulut jeter ses
fondements, l'an 1116 (1): Notre-Dame, la plus

---

(1) Cette date est confirmée par l'inscription suivante qu'on
peut lire sur un de ses murs extérieurs, côté sud de l'église :
.... *O DNI MCXVI HOC TEMPLU.... GIDII ÆDI-*

petite, l'église Saint-Pierre, que saint Gilles avait construite, et celle que les moines de la vallée Flavienne élevèrent à la mémoire de leur père, le grand Ægidius. Qui nous redira la magnificence de ce temple, dont la majesté ne put cependant arrêter l'aveugle fureur de démolisseurs impies ? Quelle grandeur dans ses proportions! quelle perfection dans l'exécution de ce plan admirable, apporté par les moines de Cluny, dignes émules, en lumière et en sainteté, de leurs frères de l'abbaye de Saint-Gilles !

L'église mesurait 94 mètres de longeur sur 25 mètres 50 de largeur dans œuvre. L'ancienne sacristie, dont la voûte est haute de 15 mètres, est la seule partie intérieure de l'édifice qui ait échappé à la destruction. Or, cette portion, appartenant à l'un des bas-côtés de l'ancien monument, était dé-

FICARI CŒPIT.... AP FER II IN OCTAB. PASCHE. — Anno Domini 1116 hoc templum sancti Ægidii ædificari cœpit mense aprilis feria secunda in octava Paschæ.

La construction de ce temple a été commencée l'an du Seigneur 1116, au mois d'avril, en la 2e férie de l'octave de Pâques. (Lundi de Pâques).

RUINES DE L'ANCIEN CHŒUR ET VIS St GILLES.

passée de beaucoup, en hauteur, par la nef principale.

La voûte actuelle, reconstruite en 1655, a conservé la même largeur ; sa longueur a été réduite à 49 mètres 50.

Le vieux chœur, dont les vestiges sont grandioses, se voit encore, au dehors, avec ses formes bien dessinées, ses nombreuses chapelles et l'un de ses escaliers qui conduisaient aux tribunes, connu dans le monde des arts sous le nom de *vis de Saint-Gilles* (1).

VIS DE SAINT GILLES

C'est un des plus riches spécimens de l'art au XIIe siècle. Écoutons Rondelet, dans son « *Art de bâtir* », cité par M. Révoil.

---

(1) Ce vieux chœur est entouré d'une grille ; on y rencontre de nombreux cénotaphes.

Depuis plusieurs années, un enfant de la catholique et fidèle Bretagne, M. Chèvremont, percepteur à St-Gilles, consacre ses loisirs et ses ressources personnelles à l'embellissement de ces ruines, au milieu desquelles vient d'être érigée une statue de la Sainte-Vierge, sous le vocable de Notre-Dame des Ruines.

« Cette vis est une espèce de voûte annulaire,
« disposée pour soutenir les marches d'un escalier
« tournant autour d'un noyau plein. Le nom par
« lequel on la désigne lui vient de ce que la pre-
« mière voûte de ce genre, exécutée en pierres de
« taille, a été faite au prieuré de Saint-Gilles. Le
« trait de cette voûte passe pour un des plus diffici-
« les de la coupe des pierres, parce que toutes les
« surfaces des voussoirs sont gauches et les arêtes à
« double courbure. »

FAÇADE

Mais de toutes les parties de l'antique basilique,
il n'en est pas de mieux conservée et il n'en fut jamais de plus riche que la façade.

« Sur cette façade appelée le *nec plus ultrà* de
« l'art bysantin, s'est épuisé, dit Mérimée, tout le
« caprice, tout le luxe de l'ornementation bysantine.
« Elle se présente comme un immense bas-relief
« de marbre et de pierre, où le fond disparaît sous
« la multiplicité des détails ; il semble qu'on ait pris

FAÇADE DE L'ÉGLISE DE St GILLES.

« à tâche ne pas y laisser une seule partie lisse :
« colonnes, statues, frises sculptées, rinceaux, mo-
« tifs empruntés aux règnes végétal et animal, tout
« s'enlace, se confond. Des débris de cette façade,
« on pourrait décorer des édifices somptueux. De-
« vant tant de richesses, prodiguées avec une pro-
» fusion inouïe, le spectateur ébloui d'abord, attiré
« de tous les côtés à la fois et ne sachant où arrê-
« ter ses regards, a peine à reconnaître des formes
« générales. » Aussi c'est une justice que lui a rendue, dans ces derniers temps, l'éditeur de la *Vie
de Notre-Seigneur Jésus-Christ* par M. L. Veuil-
lot, en faisant figurer la façade de l'église de St-
Gilles, au milieu des chefs-d'œuvre de l'art chrétien, dont cette mosaïque est émaillée.

Nous ne saurions mieux dépeindre les merveilles
de ce riche frontispice qu'en empruntant sa description à la savante étude de M. Révoil (1), qui a
voulu nous y autoriser. Qu'il reçoive l'expression
de notre reconnaissance.

Nous laissons parler ici l'éminent architecte.

(1) *Architecture Romane du Midi de la France*, par Henri
Révoil, architecte du gouvernement, 3 vol. in-folio. V. A.
Morel, éditeur à Paris, 13, rue Bonaparte, pag. 56 et suiv.

DESCRIPTION DE LA FAÇADE

« Encadrée dans deux petites tourelles, la façade de l'église de Saint-Gilles s'arrête par une ligne droite au dessus de l'archivolte de la porte principale.

Cette façade est percée de trois portes, surmontées chacune d'un tympan et d'archivoltes, dont les premières moulures sont enrichies de perles et d'oves. L'archivolte de la porte principale repose, à droite et à gauche, sur une corniche ornée de feuilles et supportée, de chaque côté, par quatre consoles. Ces huit consoles sont ornées de têtes de lion, de bélier, d'aigle, d'une grande feuille et de figures d'anges.

Un pilastre cannelé, avec base et chapiteau à simple moulure, partage en deux l'entrée principale. Un grand linteau sculpté, portant le tympan, repose sur ce pilastre, et, à ses extrémités, sur deux pilastres pareillement cannelés, l'un couronné par un taureau ailé, l'autre par un aigle, tous deux formant console. A la hauteur de linteau, de chaque côté, règne une frise ornée de bas-reliefs. Elle s'arrête aux archivoltes des portes latérales et sur l'aplomb de la corniche à corbeaux sculptés dont nous venons de parler. Cette frise, à droite et à gauche, est supportée, au retour, par une contre-frise à rinceaux, placée elle-même sur neuf figures reposant sur des lions qui dévorent des corps humains ou des animaux. Sur la face principale cette frise s'appuie sur un pilastre orné des plus ravissantes arabesques, et, vers son extrémité, sur une colonne à l'aplomb de la saillie. Deux colonnes accouplées forment, de chaque côté, un avant-corps assez saillant, posé sur un piédestal, dont les moulures se profilent avec le socle principal. Entre les colonnes et en arrière-corps, dans des niches séparées par des pilastres cannelés, sont placées quatre grandes statues de même dimension que celles de l'embrasure de la grande porte. Ces statues reposent sur un double socle ; une frise à rinceaux règne au-dessus des corniches. Le grand soffite, formé par la saillie de la grande frise à sujets et à personnages, est orné de rosaces dans les caissons.

Chaque entrée latérale est entourée d'une décoration uniforme et surmontée d'une archivolte divisée en deux parties principales : la première, plus en retraite que l'autre, entoure le tympan et s'asseoit sur le retour d'une nouvelle frise ; la seconde partie de cette archivolte retombe sur deux colonnes qui viennent s'aligner sur l'aplomb de la grande frise.

Dans chaque angle de la façade une statue, de même dimension que les précédentes, enchâssée dans une niche, repose sur le double socle qui se continue à la même hauteur.

Le tympan de la porte à gauche représente la Vierge-Mère, assise sur un trône, portant son Fils bénissant les trois Mages, qui lui offrent leurs présents. Dans l'extrémité, à droite, l'ange apparaît à saint Joseph, assis sur une sorte d'escabeau. Ce tympan est la seule partie de la façade portant des traces évidentes de peinture.

Celui de la porte principale représente, au milieu d'un nimbe elliptique, le Christ glorifié, assis sur l'arc-en-ciel au milieu de nuages. Un nimbe à rayons droits et flambelliformes est placé derrière sa tête. Les angles de ce tympan sont garnis par l'ange et les animaux symboliques de l'Évangile.

Le tympan de la porte à droite représente Jésus crucifié; Jean et Marie se tiennent au pied de la Croix. A côté de Marie-Madeleine, on distingue une figure de femme richement vêtue; près d'elle, deux autres figures, dont l'une est à genoux, la contemplent en levant les bras au ciel, en signe d'admiration et de réjouissance. C'est la Religion du Christ qu'elles saluent.

A côté de Jean, un ange renverse une femme enveloppée dans les plis d'un long manteau. La couronne qu'elle portait lui échappe ; c'est l'ancienne Synagogue, dont le règne vient de finir.

Comme nous venons de le voir, le bas-relief du tympan de la porte latérale se rapporte à la naissance du Christ. Le premier sujet de la frise nous montre successivement Jésus enseignant à ses disciples ; l'un d'eux détache l'ânesse sur laquelle le Maître va monter pour entrer dans Jérusalem ; l'autre jette sur le dos du paisible animal son vêtement. Treize disciples (particularité singulière) accompagnent le divin Maître, qui est monté sur l'ânesse, suivie de son ânon.

Au devant de Jésus s'avancent deux personnages : l'un jette des branches, l'autre étend des étoffes sur son passage. Derrière eux, on distingue deux palmiers, sur lesquels sont montés deux autres personnages. La ville sainte est représentée par une enceinte crénelée entre deux tourelles.

Au milieu, s'élève la coupole du temple de Salomon ; derrière cette enceinte crénelée, trois figures regardent l'entrée de ce cortège. Sur le retour de cette frise, un enfant, curieux d'admirer ce beau spectacle, monte sur un palmier. Au pied de cet arbre sont groupés d'autres spectateurs. Le sculpteur, par les expressions diverses de ces figures a voulu rappeler l'enthousiasme de cette entrée solennelle et touchante, dont l'Évangile nous donne l'intéressant récit.

Voici maintenant l'explication de la frise principale. A gauche, sur de grandes cannelures, se détachent les figures des bas-reliefs qui la composent. On reconnaît d'abord les adieux de l'Enfant prodigue ; puis, séparée par un petit intervalle, la scène où il vient demander à son père sa part légitime. Le père est assis, et de sa main tombent trois pièces, qu'il donne à son fils en présence de trois assistants. Un monument élevé sépare le sujet suivant ; c'est la représentation du Temple.

A la suite, le Christ, armé de verges, chasse de ce lieu sacré les vendeurs qui s'enfuient, emportant leurs bourses et poussant devant eux leurs bœufs et leurs moutons.

Cette composition est remarquable par son mouvement et par un faire peut-être plus habile que dans les autres parties de cette frise.

Vient ensuite Jésus, à qui Marie-Magdeleine demande la résurrection de Lazare. Le Christ accomplit cet éclatant miracle, et Lazare, enveloppé d'un linceul attaché à la tête, sort de son tombeau.

L'artiste a voulu indiquer sans doute, en marquant d'une croix le couvercle de son sarcophage, que Lazare compte parmi les premiers chrétiens. Cette première portion de cette grande frise a échappé presque entièrement aux mutilations qui ont dégradé à peu près toutes les autres figures.

Nous approchons des derniers moments de la vie de Jésus. Les disciples l'entourent ; auprès de lui est placé Pierre : le coq est aux pieds de l'apôtre, auquel le Maître prédit sa renonciation. A la suite, Jésus lave les pieds à ses apôtres. C'est le commencement du grand linteau de la façade principale. Le voilà maintenant assis au milieu d'eux au divin banquet de la Cène. Au retour de la frise, saint Pierre, d'un coup d'épée, tranche l'oreille de Malchus ; puis Jésus est trahi par Judas, qui lui donne le baiser des traîtres (1). Les soldats entraînent le Christ, le conduisent devant Hérode ; Jésus attaché à la colonne est flagellé par deux bourreaux. Après ce cruel supplice, suivi de trois personnages, il porte sa croix. Là finit la frise principale, dont les trois derniers sujets sont malheureusement très-dégradés. On les reconnaît sans peine cependant.

La mort de Jésus-Christ remplit le tympan du portail à droite : c'est le sujet principal autour duquel vont se grouper les épisodes qui s'y rattachent. Comme au portail gauche, la frise reparaît ensuite. Elle commence, sur le retour, par le conseil des pharisiens envieux ; puis est représenté un groupe de deux personnages, dont l'un est évidemment

(1) C'est la seule scène de l'Évangile qui ait été respectée par les démolisseurs du siècle dernier.

Jésus-Christ tenant un roseau en face du juge, qui lève la main et semble dire avec Pilate : « Êtes-vous le roi des Juifs ? » Après cela on voit la scène touchante de Madeleine essuyant les pieds du Christ avec ses cheveux ; Jésus-Christ est entouré de ses disciples, il semble dire à Simon le pharisien : « Beaucoup de péchés lui sont pardonnés parce qu'elle a beaucoup aimé. » En suivant, sur le linteau de la porte, sont figurées les saintes femmes venant acheter des aromates. Deux marchands sont assis devant leurs crédences. Chacune des saintes femmes porte un vase pour recevoir sa part, que l'un des deux marchands pèse dans une balance. Puis les saintes femmes s'approchent du tombeau, entouré de trois soldats endormis. L'ange veille, assis auprès du sépulcre entr'ouvert, tenant une épée dans sa main droite, et leur montre le ciel de la main gauche, comme pour leur dire : « Jésus est ressuscité. » Le dernier tableau de cette his·toire, si naïvement reproduite, représente les saintes femmes allant annoncer cette nouvelle aux apôtres, en leur indiquant aussi le ciel, où Jésus est monté. Remarquons en passant que la grande frise repose tout entière sur une sorte d'abaque, se prolongeant d'un chapiteau à l'autre de chaque colonne, et garni de bêtes féroces, de chimères à la tête basse, à la figure hideuse, emblèmes évidents des passions et de la méchanceté de l'homme, dont tous ces tableaux retracent les cruelles actions.

Un sujet non moins important à étudier dans cette description est celui qui a rapport aux grandes figures qui concourent si puissamment à la décoration de cette façade. Dans la partie du milieu, douze statues, la tête nimbée, les pieds nus, représentent les douze apôtres ; huit sont parfaitement reconnaissables, aux attributs qui les accompagnent et aux textes du Nouveau Testament gravés sur leurs livres et sur leurs phylactères.

Entre la porte gauche et le grand portail, le premier personnage à gauche est saint Jude, surnommé Thadée (le zélé) ou Lebbé (le Lion ou le courageux).

Il tient son livre, sur lequel est gravé le dernier verset de son épître | Soli Deo Salvatori | nostro per | Jesum Christum Domi | num nostrum gloria (1). | Il ne reste plus que six lettres ; elles nous ont servi à rétablir l'inscription précédente.

S. Barthélemy vient ensuite ; il porte une banderolle sur laquelle on lit : Ego Bart | olo | meus | ap | osto l (u) s | X. | Non everti quemquam sed converti. » (2)

Le troisième personnage à la suite est saint Thomas, disant : Nisi videro in manibus ejus fixuram clavorum et mittam digitum meum in locum clavorum et manum meam in latus ejus non credam. » (3) Ces paroles sont tracées sur un livre qu'il porte de la main droite : avec deux doigts de cette main, il indique ce texte au lecteur.

Vient ensuite saint Jacques le Mineur, parfaitement désigné avec ces titres inscrits dans son nimbe : Jacobus frater dmi | eps (episcopus) ie (r) osolim (æ). (4)

(1) Au seul Dieu sauveur la gloire, par Jésus-Christ Notre-Seigneur.

(2) Je suis Barthélemy apôtre ; je n'ai perverti personne, mais j'ai converti.

(3) Si je ne vois dans sa main la marque des clous, et si je ne mets mon doigt dans la plaie des clous et ma main dans son côté. je ne croirai point. (St Jean, 20).

(4) Jacques, frère du Seigneur, évêque de Jérusalem.

Au retour, en suivant, est placé saint Jean l'évangéliste, avec les premiers mots de son Évangile : IN PRINCIPIO ERAT VERBUM.

Après lui, à côté du portail, saint Pierre avec ses clefs. En face du chef des apôtres, à droite, saint Jacques le Majeur, que le sculpteur a cru être l'auteur de l'épître catholique, puisqu'il lui a donné pour texte caratéristique un verset de cette épître : « OMNE DATUM OPTIMUM ET DONUM PERFECTUM, » gravé sur le livre qu'il tient. Autour de son nimbe, on lit : « SURSUM EST DESCENDENS A PATRE LUMINUM » (1).

A côté de saint Jacques, est placé saint Paul, indiqué par ce texte de sa première épître aux Corinthiens (XV, 10) : « GRATIA DEI SUM ID QUOD SUM. » (2)

Les quatre autres, à la suite, à droite, qui n'ont ni texte, ni attributs, parce que évidemment l'œuvre n'a pas été achevée, ne peuvent être que saint André, saint Mathieu, saint Philippe, et saint Simon (le chananéen).

(1) Tout don excellent et parfait vient d'en haut, descend du Père des lumières. (Jac. 1, 17).

(2) Ce que je suis, je le suis par la grâce de Dieu.

La figure placée dans la niche, à l'angle de la porte de gauche, représente saint Michel terrassant le démon ; en pendant, dans la porte opposée, sont trois personnages ailés écrasant chacun un monstre. Ce sont, sans doute, les combats et les triomphes de l'Église, personnifiée dans trois anges, refoulant le paganisme, l'hérésie et le mahométisme.

Le nom du sculpteur à qui est due la statue de saint Jude est aujourd'hui parfaitement connu. Nous l'avons découvert sous une couche de plâtre, gravé dans le mur au-dessus de l'épaule droite du Saint : « BRUNUS ME FECIT » (1)

On retrouve au-dessus de la statue de saint Barthélemy la fin de cette phrase « ME FECIT, » à la même place.

En examinant les six statues placées de ce côté gauche du grand portail, on est frappé de la ressemblance de leur modelé et de leur exécution. Volontiers on attriburait à maître Brun ces six figures. Tout au moins doit-on lui attribuer la seconde, qui est signée de la même façon. Celles du côté opposé

____

(1) Brunus m'a fait.

paraissent mieux traitées et annonceraient un faire plus habile.

Des traces de peinture qui se voient encore dans quelques plis, dans les lettres, et surtout dans le nimbe de la statue de saint Barthélemy, feraient supposer qu'à une époque postérieure, à la fin du XIII⁰ siècle peut-être, ces statues avaient été peintes, ainsi que nous l'avons remarqué sur le tympan de la Vierge.

La façade de l'église de Saint-Gilles repose sur un socle, qui est sillonné de cannelures. Dans la partie des avant-corps du milieu seulement, ces cannelures sont remplacées par des bas-reliefs d'une sculpture méplate, qui existent encore aujourd'hui sur les deux faces extérieures de ces avant-corps et sur leur retour.

On s'est contenté de reproduire le socle avec une face unie dans les portions restaurées. A droite du grand portail, sur le socle en marbre des bases des colonnes accouplées de l'avant-corps, l'artiste a sculpté David gardant son troupeau et jouant de la harpe; un ange lui apparaît. — Le retour parallèle de la façade représente des griffons et des oiseaux.

Sur l'autre face, David tue Goliath : l'armure du
géant est un curieux spécimen des costumes guerriers
du XIIIᵉ siècle. Au socle des colonnes de gauche,
la même main a représenté deux singes liés ensemble par une corde ; puis, sur le retour, un chameau
et un homme couché pressant la patte d'un lion ;
sur l'autre face, un lion posant sa pate sur une
figure d'homme renversé à terre. Sur ce soubasse-
ment, à gauche, deux médaillons en marbre blanc
représentant, l'un, Abel offrant à Dieu le plus bel
agneau de son troupeau, tandis que Caïn se contente
d'offrir une gerbe de blé. Entre les deux arcatures
qui encadrent ces deux médaillons, se dresse la main
de Dieu sortant d'un nuage et bénissant le sacrifice
d'Abel. Abel a suivi le conseil du bon ange, qui
est placé derrière lui, tandis que Caïn a écouté la
voix du génie du mal, qui s'est attaché à lui sous
la forme d'un dragon. Adossé au pied droit, à gauche
de la porte, le sculpteur a représenté Caïn tenant
son frère qu'il a acculé contre un arbre : l'âme
d'Abel, sous la forme d'une figurine, monte au ciel ;
un ange va au-devant d'elle pour lui porter la
couronne, symbole de sa récompense ; tandis qu'on

voit un dragon enfoncer ses griffes dans le corps de Caïn, emblème de la malédiction qui punira son crime. Au côté opposé, dans une arcature semblable, on voit Balaam monté sur son ânesse et allant maudire les Hébreux. L'archange Michel apparaît au-devant de lui avec une épée pour l'arrêter. Les autres médaillons sont encadrés dans un cercle garni de perles. Le premier représente un Centaure poursuivant un cerf : c'est l'emblème de la force brutale, Ce cerf remplit le second médaillon. Celui qui suit, représente une Chimère, symbole de la ruse, et le dernier une lionne allaitant un lionceau. » (1)

SYMBOLISME DE LA FAÇADE

Nous terminerons cette savante étude par quelques réflexions sur le symbolisme de la basilique de Saint-Gilles. Nous les empruntons encore, à l'ouvrage de M. Révoil.

« Examinons le plan de cette église. Nous trou-

(1) Architecture romane du midi de la France, par *Henr Révoil.*

vons d'abord trois portails sur la façade, trois reliefs, emblème de la Trinité.

De la nef aux transsepts, six arcades de chaque côté, représentation évidente des douze apôtres.

Entrons dans l'abside : nous retrouvons dans les cinq arcades le souvenir des cinq plaies du Christ, et dans les sept chapelles du pourtour absidial les sept Sacrements.

Arrêtons-nous encore devant la façade : la pensée de l'artiste devient encore plus incontestable dans cette grande page où il va représenter les détails les plus importants de la vie du Christ, et, auprès de sa croix, la religion chrétienne apparaissant pleine de jeunesse et de vie devant la décadence de l'ancienne Synagogue. Peut-on nier son intention évidente, lorsqu'il entoure l'entrée principale de l'église, image de la porte du ciel, des douze apôtres, qui en ont ouvert le chemin au monde ? Ne voyons-nous pas, placés aux extrémités de cette phalange sacrée, Michel et les anges, terrassant, à la porte du sanctuaire, le dragon infernal : le paganisme, l'hérésie et le mahométisme ? Comme dans tous les monuments de la même ordonnance, l'Église punit les vices, personnifiés par leurs emblèmes qu'elle écrase ou qu'elle anéantit. Elle s'appuie sur la prière, expliquant ainsi cette colonne dont la base représente un solitaire en méditation entre deux ours, pour rappeler les animaux féroces, leur seule compagnie dans le désert ; elle s'appuie aussi sur la force, représentée par le lion » (1).

L'étude du symbolisme dans l'art fait regretter plus amèrement encore la destruction de la basilique de Saint-Gilles. Quels enseignements n'aurait-on pas à retirer de cette création inspirée par le génie chrétien ? Sans doute ceux qui élevèrent ce temple à la gloire de Dieu sous le vocable du grand saint Gilles devaient s'écrier dans l'enthousiasme de leur œuvre, à la vue de cette multitude de pierres animées par le souffle de leur génie : « *Lapides clamabunt*, » ces pierres crieront, elles parleront à l'homme, elles l'instruiront.

Ses longues nefs ne disent-elles pas au chrétien, qui entre dans le temple, que la vie est un pèlerinage pour l'homme ?

(1) Architecture romane du midi de la France, par *Henri Révoil*.

L'homme vient de Dieu ; où va-t-il sinon à Dieu?

Le Dieu créateur, il le rencontre symbolisé, nous l'avons dit, dans ce triple portail, image de la Trinité sainte ; puis en avançant sous les voûtes de la basilique, le chrétien arrive au Dieu rédempteur, le Christ fils du Dieu vivant, caché sous les voiles eucharistiques.

De là, sans doute, l'étroitesse des nefs et leur longueur dans le style roman ; de là l'absence de tout point d'arrêt ou de toute chapelle. Tout ici dit à l'homme de se hâter pour trouver Dieu qui l'attend, afin de le consoler et de le fortifier.

Qui ne verrait une image du ciel dans ce chœur au milieu duquel se dresse le tabernacle de l'Homme Dieu ? Au ciel, Dieu se révèle à ses élus ; il les remplit d'une joie inénarrable, essence de leur bonheur éternel ; il les rend participants d'une part de sa puissance. Au ciel règne une harmonie parfaite, résultant de l'accord de toutes les volontés, qui se perdent dans la volonté souveraine de Dieu.

Regardez ces ruines, reconstituez ce chœur, n'est-il pas une image fidèle du royaume du ciel ? Voyez autour de l'autel principal ces chapelles, au milieu desquelles les Saints sont placés comme autant de souverains. A leur tête est une chapelle privilégiée, devant laquelle tout chrétien aime à venir s'incliner pour prier. C'est celle de Marie Immaculée, la plus rapprochée de Dieu puisqu'elle est sa mère, et supérieure à toute hiérarchie céleste puisqu'elle en est la reine. Voilà pourquoi l'image de Marie est placée au milieu des saints qui l'environnent et lui font un cortége d'honneur. Elle résume en elle-même, comme mère de l'humanité et mère de la grâce, la voix du monde surnaturel et devient, en faveur de l'homme qui l'implore, la toute-puissance suppliante auprès de Dieu, *omnipotentia supplex*.

APPENDICE

AU CHAPITRE CINQUIÈME

QUELQUES NOTIONS D'ARCHITECTURE ROMANE

Nous aurions pu faire ressortir d'autres enseignements symboliques de ce qui nous reste encore
de ruines précieuses de notre antique basilique ;
mais les bornes de cet ouvrage ne nous permettaient
pas de nous étendre davantage sur ce sujet.

Afin de rendre notre travail plus intéressant et
plus complet, nous allons donner à nos lecteurs les
notions sommaires et fondamentales de l'architecture romane, que nous puisons pour eux aux sour-

ces les plus autorisées (1). Elles les aideront dans l'étude de notre basilique, qui est, comme on l'a dit, le *nec plus ultrà* de l'art bysantin.

« Quand on étudie, lisons-nous dans l'ouvrage de M. Révoil (2), les modifications successives des divers monuments religieux du Xe à la fin du XIIe siècle, au point de vue de leurs formes, on est naturellement amené aux observations suivantes :

» C'est d'abord un édicule carré terminé par une abside circulaire, souvenir des formes de l'ancienne basilique, et contenant tout au plus une vingtaine de fidèles ; — ou bien encore une nef avec un sanctuaire surmontée d'une sorte de coupole, terminée aussi par une abside. Puis la chapelle s'agrandit. Toutefois la simplicité la plus grande préside à la construction de ces premiers sanctuaires, dont un petit nombre seulement reçoit, sur sa façade principalement, une sobre ornementation.

» Mais en même temps l'art bysantin apporte

----

(1) Révoil, *Architecture Romane*, et Daniel Ramée, *Manuel de l'histoire générale de l'architecture.*

(2) Architecture romane du midi de la France.

une variété heureuse dans la structure et la découverte des édifices religieux. Les proportions grandissent aussi avec le nombre de ceux qui fréquentent ces premiers temples chrétiens. L'établissement des bas-côtés apparaît d'abord comme facilité de circulation et aussi pour servir d'arcs-boutants à la voûte de la nef principale. Ces passages s'élargissent et deviennent des nefs latérales terminées par des absides servant de chapelles.

» Mais l'édifice ainsi construit étant encore trop exigu pour les besoins du culte, ou interrompt la grande nef par le transsept; elle se continue par le chœur et se termine par la grande abside.

» Un autre perfectionnement est apporté plus tard dans l'ordonnance de l'église romane, déjà si complète et si bien étudiée, par le prolongement des bas-côtés autour de l'abside et par l'addition de chapelles autour de ce *deambulatorium* circulaire. Tel est le plan de l'église abbatiale de Saint-Gilles, un des monuments les plus beaux et les plus complets parmi ceux que l'architecture du XIIe siècle a élevés dans nos contrées méridionales.

» Jusque là lourde, massive, sévère, timide dans

l'expression du sentiment de l'artiste, l'architecture romane commence, au XIIe siècle, à être plus indépendante et plus précise. Elle devient plus majestueuse et plus élancée, plus élégante plus proportionnée dans les diverses parties qui la composent, plus harmonieuse dans son ensemble et enfin plus légère et plus délicate. Les portes se haussent, les nefs s'élèvent, les fenêtres s'élancent ; nous voyons apparaître des clochers d'une grande hauteur. Les Les façades s'enrichissent: St-Trophime à Arles et St-Gilles offrent encore à notre admiration leurs superbes frontispices. — Le portail de l'Église de St-Gilles est sans contredit un des plus beaux exemples du style roman à plein cintre : l'iconographie chrétienne s'y marie à l'ornementation la plus riche et la plus variée.

Ainsi que nous l'avons dit plus haut, l'architecture romane conserve le plan de l'ancienne basilique. Ce plan est un parallélogramme très-allongé. L'abside centrale à l'orient est constamment circulaire, ainsi que les deux autres absides latérales placées à l'extrémité orientale des collatéraux.

« Il y a toujours trois nefs principales, rarement cinq. Le chœur est plus élevé que le reste de l'église et en dessous il existe ordinairement une crypte ou chapelle souterraine.

Au lieu du plafond et de la couverture de la basilique, on voit la voûte, formée de la moitié du cylindre, placée horizontalement au-dessus des nefs et du chœur. Au lieu des colonnettes de la basilique, nous voyons dans l'architecture romane des piliers carrés élevés jusqu'à la naissance de la voûte.

» L'architecture romane a deux systèmes de voûte : celle en *berceau*, formée par la moitié du cercle et qui repose sur deux murs parallèles, et celle en *arête*, formée de deux arcs de cercle qui se croisent au centre et donnent naissance à quatre arêtes qui produisent une Croix.

L'architecture romane s'est servie des colonnes indépendamment des piliers. Le chapiteau roman mérite une attention toute particulière ; c'est le chapiteau *cubique* ou *mathématique*, lequel ne doit pas son origine aux chapiteaux byzantins, comme on a pu le croire, car le chapiteau cubique apparaissant simultanément dans toutes les parties de

10

l'Europe peuplées par les races germaniques, son invention paraît appartenir plutôt au génie de ces peuples.

Toutefois le chapiteau cubique ne règne pas exclusivement dans l'architecture des Xe, XIe et XIIe siècles. Une réminiscence antique perpétue le chapiteau corinthien. Il y a aussi des chapiteaux romans, en forme de cône renversé tronqué sur ses quatre faces, ornés de cannelures, de fuseaux et de feuillages. La feuille d'acanthe est le plus souvent représentée sur ces chapiteaux. On y remarque aussi une variété de plantes exotiques dont le caractère pourrait faire croire que des artistes venus du Levant en ont été les auteurs. Mais le règne végétal, dans l'ornementation des monuments romans, est transformé et combiné de milles manières, produites par l'imagination brillante et fantastique des races germaniques........

Tels sont les caractères principaux de l'architecture romane, dont nous n'avons voulu qu'esquisser les différents traits. Il ne nous reste plus, en terminant cet ouvrage, qu'à faire connaître à nos lecteurs un curieux monument de cette architecture, nou-

MAISON ROMANE,

à St Gilles

vellement restauré à St-Gilles. C'est une maison du XIIIme siècle, qui attire encore dans nos murs des archéologues distingués et de nombreux touristes.

LA MAISON ROMANE

Suivant une tradition généralement reçue, c'est dans la maison romane, qui se dresse en face de la basilique de Saint-Gilles, que le pape Clément IV (1265-1268), aurait vu le jour.

Les caractères architectoniques de ce monument prouvent qu'il est contemporain de cet évènement, et son ornementation dit assez qu'il a appartenu à une famille opulente.

Le style de son architecture dénote la fin du XIIe siècle ou le commencement du XIIIe.

Deux étages surmontent un rez-de-chaussée très-élevé. Ce rez-de-chaussée est percé d'une grande ouverture centrale et de deux ouvertures latérales très-étroites ; les piles placées entre ces ouvertures sont couronnées par un profil comme des pilastres.

De grands linteaux reposent sur ces piliers et recouvrent ces trois ouvertures. Chacun de ces linteaux est surmonté par un arc de décharge en pierre de taille, destiné à soulager ces monolithes du poids des étages supérieurs.

Sur un cordon moulé et orné d'une sorte de frise figurant des imbrications en losanges, reposent les quatre ouvertures du premier étage ; une colonnette, avec base et chapiteau sculpté, sert de meneau à chacune de ces baies ; sur le chapiteau de cette colonnette reposent les linteaux accouplés de ces ouvertures. Sur deux de ces linteaux, dans l'épaisseur de la pierre, sont dessinés des trilobes, dont les centres sont ornés de rosaces variées. Sur les deux autres, sont tracés de simples cercles figurant les archivoltes.

Cette dernière décoration est reproduite dans la disposition identique des quatres baies du deuxième étage.

Telle est l'ordonnance architecturale de cette intéressante construction.

Qu'était l'intérieur de cette maison quand elle abrita le pontife Clément IV ? Il serait difficile de le dire aujourd'hui.

Une cheminée placée au deuxième étage mérite seule de fixer l'attention des visiteurs. Son manteau conique repose sur une sorte de couronne appareillée avec une clef. Cette couronne elle-même est soutenue par deux consoles encadrées dans le mur contre lequel est adossé le foyer.

Ce fut Prosper Mérimée, qui le premier signala ce précieux modèle d'architecture au moyen-âge. Elle a été depuis rangée parmi les monuments historiques.

On l'a dit, il était temps, car bientôt rien ne serait resté d'elle. Ses habitants avaient depuis longtemps pris une part intime à ce complot contre la seule maison respectée par quatre sièges dans la ville plusieurs fois saccagée. Chacun de ses hôtes s'y était construit son nid à sa façon ; trois fenêtres sur quatre avaient été fermées au deuxième étage, et une maussade ouverture carrée, pratiquée dans la partie la plus maltraitée, formait une large échancrure dans la corniche brisée.

Le premier étage avait été odieusement mutilé par l'ouverture de deux grandes fenêtres modernes, dont l'une surtout, celle de gauche, avait tellement compromis la solidité de l'édifice que, du sommet de cette ouverture, à l'angle de la fenêtre supérieure, se dessinait une large lézarde, produite par le brisement de plusieurs pierres de taille. Tout cela n'était pourtant rien en comparaison de ce que le rez-de-chaussée avait eu à souffrir : pierres arrachées, muraille minée, sept ouvertures pratiquées avec le pic dans les parties les plus chargées, poutres violemment enfoncées dans le mur pour faire deux étages dans un, rien ne manquait à la dégradation.

Les ouvriers que le sieur Roise fit venir d'Aimargues et Sommières pour renverser la vieille basilique, auparavant convertie en forteresse par le capitaine des huguenots, Bertichères, ne devaient pas procéder autrement pour mener à bonne fin leur œuvre de destruction.

C'est de 1867 que date la pensée sérieuse de faire de la Maison Romane un presbytère. Depuis, que de démarches, que d'efforts tentés ! Un devis estimé 22,000 fr., couvert en partie par la commune, les beaux-arts, les cultes, la fabrique et une dernière somme de 7,000 fr., votée par la mairie pour le logement des vicaires (1), assurent la conservation, l'appropriation de cet intéressant édifice et une maison convenable au curé et au clergé de la paroisse (2).

Le 14 avril 1877, Mgr Besson daigna bénir la Maison Romane, dont les clefs lui furent présentées par M. le maire de St-Gilles. Monseigneur l'évêque remercia ce magistrat, au nom de la religion, de la patrie et des arts, des sacrifices que la ville de Saint-Gilles s'était imposés pour restaurer ce monument. Il loua hautement la destination si digne qu'on lui avait donnée en y plaçant le presbytère de la paroisse. L'inscription suivante a été gravée sur l'un des murs de l'édifice donnant sur le square de la maison romane :

(3) Anno DNI MDCCCLXXVII DIE XIV Apri-

---

(1) Les travaux commencés sous l'administration du digne et regretté M. Hitier, maire de St-Gilles et membre du Conseil général du Gard, viennent d'être terminés, grâce au bienveillant concours de M. Gautier, maire, de MM. Bessière et Rocquelain, adjoints.

(2) Extrait de l'*Architecture Romane du Midi de la France*, par Henry Révoil, vol. 3, pag. 10 et des *Notes d'un voyage dans le Midi de la France*, par Mérimée.

(3) L'an du Seigneur 1877 le 14 avril, Mgr Louis Besson, évêque de Nîmes, a béni cet édifice restauré par les deniers publics et illustré du nom de Clément IV, H. Révoil, architecte ; P. Gautier, maire ; P. E. D'Everlange, curé.

lis hanc Ædem Clementis P. P. IV nomine claram et ære publico restauratam benedixit Ill. ac RR. DD. Ludovicus Besson episcopus Nemausensis , H. Revoil archit., P. Gauthier ædili primo, P. E. d'Everlange parocho.

CONCLUSION

En terminant un de ses principaux ouvrages écrits à la gloire de saint Gilles, l'un des grands évêques de Nîmes émettait les vœux suivants : 1° de voir relever les ruines de la basilique abbatiale ; 2° de voir germer encore, à l'ombre du saint tombeau, des prêtres et des évêques dignes de leurs aînés et dont l'Église pût considérer les mérites et citer les noms avec une fierté maternelle.

Quels vœux ! Quels admirables souhaits ! Qu'ils sont dignes de cette grande âme et du pays de St-Gilles auxquels ils s'adressent ! Pourrions-nous ne pas nous y associer, nous à qui l'illustre prélat dai-gnait, quelques années avant sa mort, confier cette paroisse si chère à son cœur ?

Pourquoi les enfants de St-Gilles ne tenterai-ils pas de relever au moins quelques-unes d nes faites autour du tombeau de leur glorieux patron ? La grandeur et la prospérité de la ville ont toujours été en rapport avec la gloire de son monastère et de sa basilique : retirer les secondes de cet état d'humiliation injuste et de sacrilège dégradation, ne serait-ce pas travailler au bonheur de la cité ?

N'avons-nous pas abusé des richesses, de l'opulence, du bien-être, au sein desquels pendant des années trop prospères, nous nous sommes plongés, sans profit pour la défense des grands intérêts de nos âmes ? Or, jeter maintenant l'obole de notre pauvreté (1) dans les fondements de ces ruines à réédifier, de ce chœur à reconstruire, de ce clocher à élever, ne serait-ce pas une réparation nécessaire de l'abus de tant d'or prodigué en de coupables jouissances ?

Nous ne travaillerions pas seuls à cette œuvre glorieuse : Dieu nous prêterait son concours. Nous ne serions pas dès lors du nombre de ceux « *qui*

______

(1) A l'heure où nous écrivons, un fléau dévastateur ravage nos campagnes et vient priver le pays de ses plus abondantes ressources.

s'efforcent en vain d'édifier la maison, parce que
Dieu ne construit pas avec eux (1). »

Nous ne travaillerions pas seuls. Tous les cœurs
dévoués à saint Gilles nous prêteraient leur appui.
Les dons de l'opulence, joints à l'humble tribut du
pauvre, féconderaient nos efforts.

Nous ne travaillerions pas seuls. La France, qui
prodigue la fortune publique à bâtir des temples à
toutes les divinités du Paganisme, revivant dans les
hideuses figures du Philosophisme et de la Révolution, comprendrait que c'est justice de venir en aide
à une population jalouse de conserver des merveilles de l'art chrétien (2).

Le second vœu de l'évêque de Nîmes s'adressait
aux illustrations dont s'enorgueillit justement St-
Gilles et que Mgr Plantier désirait voir revivre.

(1) *Nisi Dominus ædificaverit domum, in vanum labora-*
verunt qui ædificant eam. Ps. CXXVI, 1.

(2) En 1842, le gouvernement, sur la proposition de M.
Lenormand, savant archéologue, a classé l'église de St-Gilles
parmi les monuments historiques. Sous l'habile direction de
M. Questel, d'importantes réparations furent faites à l'église.
Les dépenses s'élevèrent à 40,000 francs. — Pourquoi n'affec-
terait-on pas chaque année une somme proportionnée aux
travaux qui restent encore à effectuer ?

Lorsque la basilique était debout avec son monastère, **des papes, des pontifes, des abbés**, lui formaient **comme une** armée sainte mise au service de l'église. Depuis, cette sève féconde ne s'est pas tarie au cœur de la population de St-Gilles. Que de noms à citer ici parmi les défenseurs intrépides de la vérité ! Prêtres de tous rangs, décorés de titres divers dans la hiérarchie ecclésiastique ; et aujourd'hui encore, dans ce siècle d'indifférence, que de pasteurs, donnés à l'Église par la paroisse de St-Gilles, remplissent leur saint ministère avec honneur et profit pour les âmes !

Pourrions-nous oublier ce prêtre si riche de qualités, dévoré du zèle le plus ardent pour la gloire de Dieu, M. l'abbé Guinoir, supérieur du petit séminaire de Beaucaire, mort dans les missions lointaines, presque en face du tombeau du Christ ? C'est lui qui disait à un enfant que la Providence destinait à être un jour curé de St Gilles : (1)

____

(1) **M. Guinoir**, vicaire-général de Mgr Auvergne, archevêque d'Icone, et délégat apostolique en Syrie, mort à Diarbékir. **Ses restes ont été transférés à Ghazir, dans le mont Liban avec ceux de l'archevêque.**

« O mon enfant, voulez-vous être prêtre ? » Et le
comblant des témoignages de son affection paternelle : « Oui nous mourrons tous les deux prêtres. »

Toutes les gloires du sacerdoce ne semblent-elles
pas se résumer, pour Saint-Gilles, dans ce savant
et vénéré Prélat, le saint évêque de Digne (1) ? Il
assistait naguère à la consécration d'un évêque de sa
province (2) et entendait l'éloge que lui décernait le
magnanime exilé de Genève, Mgr Mermillod, dont
la parole, appelée à relever l'éclat de toutes les fêtes
du monde catholique, honorait en ce jour la ville de
St-Gilles, par l'hommage glorieux qu'il rendait au
plus illustre de ses enfants.

La voix de l'éloquent successeur de Mgr Plantier,
Mgr Besson, viendra en aide aux vœux de celui dont
il occupe si dignement la place. Ses généreux efforts
ne demeureront pas infructueux pour l'honneur du
sacerdoce. On le sait, aujourd'hui plus que jamais,
« les ouvriers sont peu nombreux et la moisson est

----

(1) Mgr Meirieu.

(2) Mgr Terris, évêque de Fréjus et Toulon, sacré à Car-
pentras le 29 juin 1876.

abondante » (1), Dieu et les hommes répondront à l'appel de notre évêque bien-aimé, car la gloire de Dieu et le salut des âmes ne peuvent s'obtenir que par le sacerdoce ; et ces deux choses, Dieu ne peut s'en passer (2).

A ces vœux, Mgr Plantier en ajoutait un troisième, que nous aimons à redire après lui. « O St Gilles, » s'écriait-il en terminant la magnifique lettre pastorale sur la découverte du tombeau de notre saint patron, « cité fidèle, ce que je demande pour « toi surtout, c'est que, fille d'un saint, couronnée « de son nom, solidaire de sa gloire, tu travailles à « pénétrer tous tes enfants de son esprit et de sa foi ; « que tu les pousses avec ardeur à l'imitation de « ses vertus ; que tu proscrives de tes usages et de « tes mœurs tous les obstacles qui pourraient s'op- « poser à leur sanctification ; que ton sol devenu « divinement fécond soit désormais une riche pé-

(1) *Messis quidem multa, operarii autem pauci.* Luc, x. 2.

(2) L'état florissant de la nouvelle Maîtrise, le nombre croissant des élèves des établissements diocésains de Beaucaire, de Sommières et de Nîmes, sont à cette heure l'espoir du diocèse et l'honneur de son évêque.

« pinière d'élus pour le ciel, et qu'ainsi les nouvel-
« les destinées du sépulcre de ton auguste patron
« soient encore plus belles et plus consolantes que
« les premières ! »

FIN

PANÉGYRIQUE DE SAINT GILLES [1]

> *Nisi granum frumenti cadens in terram mortuum fuerit, ipsum solum manet, si autem mortuum fuerit, multum fructum affert.* (JOAN. XII, 24).
>
> Si le grain de froment en tombant à terre n'y meurt il demeure seul, mais s'il y meurt, il porte beaucoup de fruits.

MES FRÈRES,

Cette grande et divine loi de la fécondité par la souffrance, Jésus-Christ était venu l'inaugurer dans le monde, et, après lui, toutes les âmes prédestinées à continuer son œuvre devaient la perpétuer dans

---

[1] Prêché à St-Gilles, par **M.** l'abbé d'Éverlange, les dimanches 7 septembre 1873 et 1er septembre 1878.

la souffrance et la mort. Or, ce n'était pas seulement par le martyre que Jésus-Christ devait perpétuer ses miraculeuses conquêtes. Sans doute, au martyre appartient la gloire de retracer de la manière la plus parfaite la puissance de Jésus-Christ, puisque les martyrs par leur sang ont été pour le monde une semence inépuisable de chrétiens (1). Mais tout homme, appelé aux gloires d'une sainteté élevée, ne pouvait y aspirer désormais que par la mort dans l'immolation de la nature, afin de porter ainsi des fruits abondants dans l'Église de Dieu.

Mort mystique, je l'avoue, mais réelle, et qui a été dépeinte par ce beau mot de l'Apôtre : « Vous « êtes morts et votre vie a été cachée en Dieu. (2) » Or saint Gilles, notre glorieux Patron, a réalisé de la manière la plus parfaite cette parole du grand Paul qui n'est que le commentaire de la parole de Jésus-Christ par laquelle j'ai commencé ce discours : « Si le grain de blé tombant en terre n'y meurt, il demeure stérile ; mais s'il y meurt, il porte beaucoup de fruit. »

(1) Tertullien.
(2) Col. iii, 3.

Oh ! que la vie de St-Gilles a été bien cachée en Dieu ! Oh ! que sa mort au monde et à ses vanités a été admirable et complète ! Aussi quels n'ont pas été les fruits merveilleux qu'a produits dans l'église de Dieu ce grain de froment jeté en terre et fécondé par toutes les grâces du Ciel ! Voyons, dans ce discours, comment saint Gilles a été dans sa vie et dans ses œuvres la réalisation parfaite de ces paroles de l'Évangile. 1º St Gilles modèle accompli de la perfection évangélique dont il a pratiqué les sublimes vertus ; 2º St Gilles comblé de toutes les grâces que Dieu a attachées à la pratique de la perfection évangélique. *Ave, Maria.*

PREMIÈRE PARTIE

C'est la ville d'Athènes, riche en grands souvenirs, qui eut l'insigne honneur de donner le jour, vers le milieu du VIIᵉ siècle, à notre illustre et glorieux patron. Descendant des anciens rois de la Grèce, Dieu lui accorda le bienfait inestimable d'une éducation chrétienne. Ce fut aux leçons soutenues par les exemples du foyer domestique que saint Gilles dut ces impressions fortes et salutaires qui influent d'une manière décisive sur la destinée de l'enfant.

Voyez, M. F., saint Gilles, à cet âge où *la fascination de la bagatelle* (1) exerce un trop funeste empire sur le cœur du jeune homme, voyez-le, s'arrachant au danger des richesses par le dépouillement de tout ce qu'il possède. Il meurt au monde par ce côté auquel il est si difficile de renoncer entièrement et il embrasse, dès le début de la carrière, la plus grande perfection contenue dans ce seul mot de l'É-vangile : « Si vous voulez être parfait, vendez tout ce que vous avez, donnez-en le prix aux pauvres et vous aurez un trésor dans le ciel (2). »

Au sein de cette pauvreté volontaire, St Gilles se trouve cependant encore trop peu à l'aise pour servir Dieu dans le dégagement absolu de toute préoccupation terrestre. Les regards d'admiration que lui attirent les éclatants miracles qu'il opère ; les louanges que lui prodiguent les hommes témoins de son

(1) *Fascinatio nugacitatis. Sap.* IV, 12.
(2) Matth. XIX, 21.

désintéressement l'épouvantent, et le voilà qui aspire après des ténèbres assez profondes pour le dérober entièrement à ce monde qui l'applaudit.

Saint Gilles s'éloigne donc du pays qui l'a vu naître. Il fait mourir en lui l'amour de la patrie avec ses ineffables douceurs, accomplissant ainsi, pour obéir à la voix du Ciel qui l'appelle, le plus douloureux des sacrifices. La patrie, en effet, n'est-elle pas pour nous ce foyer de la famille qui nous réchauffa sur son sein, le ciel qui ombragea notre berceau, la vivante image de tous les êtres aimés auxquels nous avions l'espoir d'être unis dans la mort comme nous l'avions été dans la vie ?

Saint Gilles dit adieu à cette terre illustre qui lui donna le jour ; il prend les sentiers de la mer qu'ont suivis les saintes femmes qui formèrent sur la terre la famille humaine du Sauveur. O terre de la Provence, tressaille encore d'une vive allégresse ! Depuis l'aurore du christianisme, jamais créature mortelle n'aborda tes rivages avec un cœur enrichi de plus admirables vertus. Comme les servantes du Christ, ces femmes incomparables qui ont sanctifié tes fils, il vient faire resplendir à leurs yeux la pure lumière de l'Évangile, et leur révéler par ses exemples les sublimes vertus qui en découlent. Et toi, vallée Flavienne, salue cet astre resplendissant de la sainteté qui bientôt t'embrasera de ses feux !

L'antique et illustre cité d'Arles offrira la première une sainte hospitalité à ce volontaire exilé de. l'Évangile. Mais il ne saurait y fixer son séjour. L'admiration qu'il rencontre sur ses pas pour ses vertus et les prodiges dont le Seigneur veut qu'il soit le glorieux instrument troublent son humilité. Un malade tourmenté cruellement par la fièvre depuis trois ans et guéri par sa prière le détermine à fuir cette grande ville qui lui préparait des triomphes. St Gilles fuit donc les honneurs comme les richesses et il cherche des déserts profonds où il pourra embrasser la mortification de Jésus-Christ dans toutes ses rigueurs.

Sur les bords escarpés du Gardon, une caverne abrupte s'ouvre devant ses pas égarés dans la solitude. Par une admirable délicatesse de la Providence, un vénérable solitaire, saint Vérédème, attiré comme lui par l'amour de la retraite et de la perfection des rivages d'Athènes, l'attend dans ces lieux déjà sanctifiés par les parfums de sa prière et de sa pénitence. O sainte grotte, redis-nous la louable émulation des vertus qui, transportant ces deux âmes unies par les liens de la plus tendre et la plus pure des amitiés, les eut transformées bientôt en deux créatures qui n'avaient de terrestre que leur enveloppe mortelle, et dont les pensées, les affections étaient toutes pour le Ciel et l'éternité ! Ce que nous savons, c'est que tu fus impuissante à retenir renfermés dans ta profonde solitude les parfums des vertus sublimes de ces deux héros de la perfection évangélique. Des foules, avides de recueillir leurs paroles et les hautes leçons de leurs vertus, ont franchi les barrières élevées de ces déserts. Saint Gilles est donc obligé de fuir afin de se soustraire encore aux triomphes que son humilité abhorre. Il dit adieu à la retraite chérie, où son âme a goûté Dieu et tous les délices de son amour, brisant encore les liens d'une amitié qui semblait nécessaire sa vie. Dieu veut que de tous les sacrifices possibles, il n'y en ait aucun d'étranger à son cœur, et que les plus douloureux surtout soient accomplis par sa grande âme avec le plus de générosité, afin que rien de mortel, rien d'humain ne subsiste dans son cœur destiné à accomplir de si grands desseins. « *Nisi granum frumenti cadens in terram mortuum fuerit, ipsum solum manet.* O vous que mille liens rendent esclaves des sens et du monde, vous dont la conversation est toujours pour la terre et jamais dans le ciel, instruisez-vous ici, et apprenez que le sacrifice et la mortification peuvent seuls nous donner la glorieuse et sainte liberté des enfants de Dieu, c'est-à-dire la sainteté qui convient aux fils des Saints.

St Gilles est donc conduit par la main de la Providence vers cette région privilégiée qui devait le posséder pour toujours, en le fixant dans la vaəllé Flavienne destinée à fleurir au souffle de sa sainteté ! Oh ! que ces lieux étaient propres, avouons-le, M. F., à captiver son cœur ! comme le silence profond de ces bois, dut bien répondre aux aspirations de son âme avide de solitude, de prière, et du Dieu, seul objet de son unique et ardent amour !

O grand et admirable athlète du Christ, ne craignez donc pas : *ne timeas*, Dieu sera avec vous, pour seconder votre admirable générosité. De même que Jésus-Christ se transfigura sur les sommets lumineux du Thabor, il va transfigurer ici, dans ce lieu solitaire, son disciple, son saint, qu'il prédestine à répondre aux grands desseins de sa miséricorde pour la gloire de son nom, l'honneur de l'Église, et la perfection d'un grand nombre.

Une oraison continuelle élève ses pensées au-dessus de la terre ; les ravissements d'une contemplation sublime ont transformé son intelligence et ne lui ont laissé que des pensées célestes. Son cœur, qui a trouvé Dieu dans le silence profond de ces retraites inaccessibles, le possède sans partage et se sent consumé déjà par les divines ardeurs du céleste amour. Comment retracer les austérités de sa pénitence, qui rappelle les rigueurs dont les plus sévères pénitents des déserts de l'Orient affligeaient leur chair crucifiée ? L'eau des fontaines suffit à sa soif ; les herbes de la forêt et le lait d'une biche font toute sa nourriture ; la terre nue lui sert de lit pour reposer ses membres fatigués. Notre saint est-il assez mortifié ? Oh non ! il faut qu'il porte d'une manière plus authentique encore les signes de cette mort qui est le prélude de la vie ! Wamba, roi des Goths, est venu, à la tête d'une nombreuse armée, faire le siége de l'antique et florissante cité de Nîmes. Ses guerriers ont inondé la forêt de leurs nombreuses troupes pour s'y livrer au plaisir de la chasse. L'un d'eux a aperçu la biche du bienheureux solitaire qui bondit à leur approche et va se réfugier dans ses bras protecteurs. Il la poursuit ; une flèche siffle et blesse le saint, dont le sang rougit cette terre trempée de ses larmes et sanctifiée par ses austérités. Quelle scène saisissante et admirable à la fois ! Tous les caractères de la mort spirituelle, St Gilles ne nous les avait-il pas révélés jusqu'à cette heure ? Il a foulé aux pieds le monde et ses richesses, méprisé les hommes, dit adieu à sa patrie, embrassé les rigueurs d'une vie pénitente et crucifiée, et, à cette heure, Dieu veut qu'aux larmes si abondantes de son amour pénitent, que saint Augustin appelait le sang du cœur, viennent se mêler les flots de sang que fait jaillir douloureusement de sa blessure le trait du chasseur.

Que reste-t-il encore de terrestre, en effet, dans son cœur mortifié ! Pauvreté, humilité, mortifica-

tion des sens, voilà toute sa vie. Dites, M. F., saint
Gilles n'est-il pas ce grain de blé qui tombant en
terre y est véritablement mort ? De quels fruits merveilleux ne devra-t-il donc pas être couronné !
Voyons maintenant comment Dieu réalise pour lui
cette seconde parole de l'Évangile : « Le grain mort
en terre porre beaucoup de fruits. »

DEUXIÈME PARTIE

Saint Gilles couronne sa mort surnaturelle et
intérieure des fruits miraculeux que la grâce lui a
fait porter. C'est en effet un oracle de l'éternelle
vérité, M. F., que celui qui aura tout quitté pour
suivre dans la pauvreté, les humiliations et les douleurs, le Dieu de la crèche, le Dieu fait pauvre, le
Dieu du Calvaire, recevra le centuple dès cette
vie (1). Or ce centuple Saint Gilles l'a reçu des
mains du Dieu qu'il servit avec une si admirable
perfection durant les jours de sa longue carrière.
Oui, il est bien comme son maître ce grain de fro-

(1) Matth. IX. 29.

ment qui, une fois mort dans le sillon, lève et porte beaucoup de fruits. Le fruit de l'humilité c'est la gloire ; le fruit de la pauvreté c'est la richesse ; le fruit de la douleur c'est la paix, le bonheur. Or notre grand saint a semé dans l'humilité, il récolte dans la gloire ! Pour lui se réalise d'une manière admirable la parole de l'Évangile : *Qui se humiliat exaltabitur* (1).

1° Saint Gilles s'est enseveli dans une affreuse solitude ; il fuit les honneurs, et les honneurs le poursuivent. De même, dit Bossuet, que l'ombre fuit celui qui la poursuit et qu'elle s'attache à celui qui veut la fuir, ainsi en est-il de la gloire. Nous avons vu comment elle s'est attachée aux pas de saint Gilles. Il la repousse à Athènes, dans les déserts et les cités où elle avait voulu rayonner sur son front humble et pur. Hé bien ! voyez dans cette grotte obscure, c'est une cour brillante, c'est un roi vainqueur qui vient tomber aux pieds de saint Gilles ! Il s'était enseveli vivant dans un désert ; il avait voulu être oublié du monde, et voilà que la

____

(1) Celui qui s'humilie sera élevé. (Matth. XXIII, 12).

gloire qu'il avait méprisée l'environne comme d'une auréole éclatante, qui porte la renommée de ses vertus jusqu'aux extrémités de la terre. Semblables au soleil qui s'élance pour parcourir sa carrière, la gloire et la renommée de notre Saint, iront en grandissant et prendront les proportions d'un jour radieux. Elles attireront l'univers sur son tombeau, et un jour l'on verra les hommes les plus illustre séchanger un nom glorieux contre celui de St-Gilles, se croyant plus honorés par là, que par les titres pompeux qu'ils reçurent de leurs ancêtres. Vous avez nommé avec moi Raymond VI, eomte de Toulouse.

Il n'est pas jusqu'à cette solitude qui ne s'illumine des rayons de cette gloire incomparable, et c'est bien à toi, ô vallée Flavienne, que l'on peut appliquer ce beau mot des saintes Écritures : La solitude illustrée par la vie de saint Gilles va fleurir resplendissant de l'éclat parfumé du lys, « *Florebit sicut lilium solitudo.* » (1).

2° Le fruit de la pauvreté c'est la richesse. Sur la terre la règle c'est la pauvreté ; l'exception, la ri-

(1) Isaïe, xxxv.

chesse. Or, on n'est digne de posséder que par le détachement, car sans l'esprit de pauvreté, on est possédé par la richesse, mais on ne la possède plus. Voilà le malheur. *Væ vobis divitibus* (1), malheur à vous riches par le cœur, c'est-à-dire par l'attachement aux richesses. Heureux au contraire les pauvres par l'esprit, c'est-à-dire par le détachement du cœur. *Beati pauperes spiritu* (2). Oui, on n'est digne d'être placé dans l'exception qu'autant qu'on a su embrasser la règle ; celui qui abandonnera tout, dit Jésus-Christ, recevra dès ce monde le centuple et puis la vie éternelle. *Centuplum accipiet et vitam æternam possidebit* (3).

Saint Gilles a quitté tout pour suivre Jésus-Christ, le roi de la pauvreté. Nous l'avons vu couronné de gloire à la suite de Jésus, le Dieu de l'humilité. Il trouve encore la richesse et il fait l'expérience de cette parole de l'Écriture : « *Gloria et divitiæ in domo ejus* (4).

(1) Luc, VI, 24.
(2) Matth. v. 3.
(3) Matth. XIX, 29.
(4) Ps. C. III, 3,

Il ne demande au Roi Wamba que l'oubli, le silence et sa chère solitude, et voilà qu'une église et un monastère s'élèvent aussitôt, et St Gilles doi accepter la propriété de toute la forêt qu'il embaumait des parfums de tant de vertus. Mais notre Saint ne saurait demeurer longtemps chargé de cette immense sollicitude. Il s'empresse de faire au Pape la donation de son monastère. Benoît II (1) déclare l'accepter à perpétuité, et, sous la bénédiction des Pontifes romains, l'abbaye de St-Gilles devient bientôt une immense cité qui comptera plus de 100,000 âmes.

Ne soyons pas surpris, M. F. que Rome ait comme épuisé les trésors de son amour et de sa libéralité envers l'abbaye de St-Gilles, la cité dont elle fut le berceau et ses nombreux habitants. Mais ne l'oublions pas non plus, St-Gilles fut toujours redevable à la protection des Papes de sa gloire et de sa prospérité. Et dès lors, M. F., quelle reconnaissance ne devons-nous pas conserver dans no cœurs envers ce pouvoir spirituel ? n'est-ce pas lui

(1) En 685.

en effet, qui maintient les âmes dans les sentiers de la justice et de la vérité, garanti qu'il est dans son infaillibilité par les promesses divines, et dans son indépendance, par son pouvoir temporel ? Ennemis de l'Église, ne maudissez pas cette autorité tutélaire ; bénissez-la plutôt, car elle est pour l'humanité la source de la lumière, de l'honneur et de la vrai liberté.

3º Ceux, dit l'Écriture, qui sèment dans les larmes recueilleront dans la joie. *Qui seminant in lacrymis in exultatione metent.* (1). Oh! que ces paroles reçoivent un magnifique accomplissement dans la vie et la mort de notre glorieux patron!... Qui pourrait douter un seul instant du bonheur que goûte saint Gilles depuis l'heureux moment où, brisant les liens qui l'attachaient au monde, il prit Dieu pour son partage et fit profession de le servir ? Bonheur dans la paix qui inondait son âme, et que vous ne sauriez goûter, impies, âmes malheureuses qui vous êtes révoltées contre Dieu. Cette paix, saint Gilles la goûta dans sa plénitude, puisque son cœur

(1) Ps. cxxv, 5.

fut toujours uni par les liens de la plus ardente charité à ce Dieu qui en est la source intarissable; ce bonheur, il le trouve dans ces œuvres admirables qui
fleurissent au loin et dont les hommes le proclament
l'auteur et le miraculeux instrument. Un seul désir
venait cependant faire sentir à cette âme si paisible
une soif que rien ici-bas ne pouvait apaiser. C'était
le désir de la patrie céleste, où il pourrait voir face
à face et posséder enfin le Dieu qu'il avait aimé et
servi pendant près d'un siècle au milieu des combats,
des ombres et des tristesses de l'exil. « Mes enfants,
s'écriait saint Gilles, je sens ma vigueur s'éteindre ;
quatre-vingts ans de misères pèsent sur ma fragile
existence. Quand donc serai-je délivré de ce corps
de mort ? Quand prendrai-je les ailes de la colombe
et je volerai et je me reposerai. ? » Dieu a exaucé ses
vœux. Comme l'arbre séculaire qui succombe plus
encore sous le poids des fruits dont il est surchargé
que sous la violence des vents qui secouent ses vigoureux rameaux, saint Gilles, comblé de mérites,
orné de toutes les vertus, entouré de ses nombreux
enfants qui le pleurent, saint Gilles entend la voix
du Ciel, bénit une dernière fois ses fils chéris et les

anges, gardiens de ces solitudes, le présentent au juste Juge qui, en couronnant ses dons, récompense magnifiquement ses vertus.

O grand et illustre Saint, admirable modèle, père tendre et dévoué au bonheur de vos enfants, saint Gilles, daignez les bénir du haut des cieux ! Non, vous ne sauriez vous laisser vaincre par eux en amour. Leur piété filiale, si grande envers le Père de leurs âmes, ne peut être que surpassée par votre dévouement sans bornes accrû au ciel de toute l'étendue de la distance qui vous sépare de leurs misères. Abaissez un regard protecteur sur votre héritage et rendez-lui son ancienne fécondité. Qu'à votre prière le Ciel cesse d'être d'airain sur nos fronts abattus. Que la rosée céleste vienne abondante comme autrefois réjouir le cœur du laboureur et de sa famille éplorée. Éloignez de nous les fléaux destructeurs ; rendez encore la santé à l'infirme et la paix, fruit précieux du Ciel, aux enfants divisés d'une même patrie. Mais surtout inspirez à votre peuple une vertu qui se couronne chaque jour de fruits plus abondants ; obtenez-lui du Ciel une foi vive et ardente, une espérance inébranlable ; qu'au milieu des agitations de cette vie, il se repose toujours, comme vous, en Dieu, le seul et unique soutien de l'âme ici-bas ; afin que, toujours guidés par la lumière sûre et brillante de la vérité dont l'église catholique est la colonne immortelle (1), nous partagions tous un jour votre gloire comme nous aurons été sur la terre associés à vos combats et à votre espérance. Amen !

(1) I Tim. III, 13.

DISCOURS

POUR L'ANNIVERSAIRE

DE LA DÉCOUVERTE DU TOMBEAU DE SAINT GILLES (¹).

LE TOMBEAU DE SAINT GILLES

> *Et erit sepulchrum ejus glo-*
> *riosum.*
>
> (ISAIE, XI, V. 10.)
> Son sépulcre sera glorieux.

Mes Frères,

Je le sais et je me hâte de le proclamer ici dès le commencement de ce discours : c'est en regard du

---

(1) Prêché par M. l'abbé d'Éverlange, curé de Saint-Gilles, les 29 août 1873 et 1878, VIIIe et XIIIe anniversaires de sa découverte.

tombeau qui devait renfermer quelques instants le corps de Jésus-Christ toujours uni à sa Divinité qu'Isaïe faisait entendre ces remarquables paroles : « Son sépulcre sera glorieux, *et erit sepulchrum ejus gloriosum.* » Pouvait-il en être autrement du sépulcre du vainqueur de la mort, du triomphateur du monde et de l'enfer ? Mais de même que le Christ nous a tous fait participer aux gloires de la Résurrection, il a voulu que le tombeau de ses saints ne fussent pas étrangers au même triomphe et que quelques-uns resplendissent du même éclat et de la même gloire que son propre tombeau. Or celui que nous avons sous les yeux, le tombeau de saint Gilles, notre glorieux et vénéré patron, est un de ceux sur lequel, en s'inclinant, les générations ont laissé dans leur foi et leur reconnaissance une trace tellement profonde de leur amour, que l'on peut bien lui appliquer ces paroles du Prophète: *Et erit sepulchrum ejus gloriosum.* Or les trois choses qui ont fait et feront toujours la gloire du tombeau de Jésus-Christ, je les trouve aussi renfermées pour le tombeau de saint Gilles : 1° dans l'amour dont l'ont entouré ses disciples; 2° dans la haine dont l'ont poursuivi ses ennemis ; 3° dans la restauration de la foi et de l'amour des siècles qui ont suivi.

O Marie, il y a cinq ans déjà, vous daignâtes bénir ces paroles, qui furent les premières ici de mon saint ministère dans cette paroisse. Pourrais-je taire à cette heure votre nom de mère et vos innombrables bienfaits, devant ce tombeau et dans cette crypte où votre image est sans cesse exposée à nos regards et invoquée avec tant d'amour ? Non, sans doute, car cette tombe nous rappelle la vôtre, glorieuse comme celle de votre divin Fils, et le nom de saint Gilles nous redit l'un de vos grands et zélés serviteurs. *Ave Maria.*

PREMIÈRE PARTIE

Gloire dans l'amour de ses disciples. Qui pourrait nier, mes frères, que la gloire d'un tombeau se tire en premier lieu de l'amour dont il est entouré ? Selon le degré d'amour que l'on a voué à une personne justement chère à notre cœur et que la mort nous ravit, on lui fait une sépulture digne de cet amour. Tel fut aussi le premier caractère de grandeur que le tombeau de notre saint Patron partagea avec le tombeau glorieux de notre divin Maître. Autant, vous le savez, Notre-Seigneur méprisa la gloire et les richesses durant sa vie, autant il permit que dans sa sépulture se manifestât par de pieuses libéralités l'amour de ses disciples. C'est un sépulcre neuf et péniblement creusé dans le rocher qui lui fut préparé. C'est un homme recommandable par son nom, sa fortune et sa piété qui, secondant les pieux désirs des amis de Jésus, lui offre un tombeau digne de sa grandeur et de son incomparable sainteté. Les parfums les plus précieux, les suaires les plus riches, les aromates les plus rares, sont offerts à Jésus-Christ dans sa sépulture, et à travers les vingts siècles qui nous en séparent nous saluons encore ses gloires comme rayonnant d'un incomparable éclat et dont la pierre conservera une ineffaçable empreinte.

Tel est aussi le premier caractère de grandeur du tombeau de notre glorieux Patron. A peine a-t-il rendu le dernier soupir, que ses disciples éplorés veulent se venger de la mort en faisant à leur père bien-aimé un sépulcre digne de son nom, de sa sainteté et de l'amour dont il est entouré. En vain la vie de saint Gilles passée tout entière dans la pauvreté proteste-t-elle contre une sépulture qui ne devrait pas, ce semble, contraster dans sa splendeur avec un pareil dénûment.

Ah! mes frères, si l'amour ne recule devant aucun sacrifice, c'est surtout dans les séparations suprêmes qu'il se montre dans son admirable générosité. Voyez si les disciples de notre saint Patron manquent à ce devoir sacré. Crypte vénérable, avec quelle éloquence ne nous redis-tu pas les premières gloires de ce tombeau vénéré! Oh! oui, mes frères, qu'ils l'aimaient ce père et ce modèle, ceux qui donnèrent à son sépulcre des proportions telles qu'il est devenu la pierre fondamentale d'une grande cité dont la splendeur glorieuse rayonna durant de longs siècles dans l'univers entier !

Combien les enfants de saint Gilles aimaient leur père, puisqu'ils élevèrent sur ce tombeau une défense qui a défié les années et qui a survécu à tant de souffles d'orages ! Et si je voulais, mes frères, vous rappeler les larmes répandues, les parfums précieux, les regrets profonds, les offices solennels, les soupirs brûlants qui présidèrent à la consécration de cette tombe se refermant pour des siècles sur les restes vénérés du grand saint Gilles, je n'aurais qu'à redire ce que vous faites vous-mêmes ici aux jours solennels où s'entrouvrent les grilles qui la défendent contre les saintes impatiences de votre amour, pour retracer en un seul tableau les grandeurs de cette sépulture. Donc le tombeau de saint Gilles partage les gloires du tombeau de Jésus-Christ dans l'amour dont ses disciples l'ont entouré.

DEUXIÈME PARTIE

Gloire dans la haine des ennemis de la foi. L'amour est un titre de gloire quand il est juste et saint ; la haine honore peut-être plus encore. Vous serez un objet de haine à cause de moi, disait Jésus-Christ à ses apôtres, et ceux qui vous feront mourir, croiront faire une chose agréable à Dieu (1). Eh bien ! ce témoignage d'une haine aveugle et sata-

(1) Jean, XVI, 2.

nique a-t-il manqué au tombeau de notre illustre Patron ?

Pourquoi, mes frères, faut-il ici ouvrir devant vos regards les pages les plus tristes et les plus lamentables de notre histoire ? Hélas ! pouvons-nous les taire, puisque les pierres ici ont une voix pour dire jusqu'à quel point de fureur s'est portée la haine des méchants contre ce sépulcre vénéré ?

La première profanation infligée à ce glorieux tombeau fut le meurtre horrible des défenseurs de la religion dont l'impiété des Albigeois ne craignit pas de souiller, en immolant en regard de cette illustre basilique les plus dévoués enfants de l'Église de Dieu. Mais qu'étaient ces fureurs, auxquelles le Ciel, par un prodige de sa puissance et de son amour, voulut soustraire cette tombe, comparées aux cruelles persécutions de la prétendue Réforme contre les enfants fidèles à la foi que leur avait prêchée saint Gilles et contre tout ce qui rappelait la mémoire de notre saint Patron ?

Comme un torrent dévastateur auquel rien ne saurait désormais résister, les ennemis de l'Église romaine se précipitent sur la basilique de St-Gilles, la gloire et le plus bel ornement de nos contrées. C'est vers le tombeau vénéré que vont se tourner toutes les fureurs des hérétiques, car ils savent bien qu'il est le rempart le plus puissant de la foi et l'objet le plus cher à la piété catholique. O saintes reliques, qu'allez-vous devenir ? Non, vous ne serez pas jetées aux vents du Ciel dans vos cendres profanées, mais vous devrez gagner d'autres rivages, il vous faudra vous exiler de cette terre qui vous fut redevable, pendant de si longs siècles, de sa gloire et de sa prospérité. Oui, c'en est fait, et peut-être, hélas ! pour toujours ! Toulouse ouvre sa crypte aux reliques de saint Gilles ; son tombeau va disparaître et se cacher dans l'ombre, comme un tombeau maudit et exécré, et, ô douleur ! la basilique, couronne splendide déposée sur cette tombe, devra expier cet incomparable honneur par une destruction sacrilège ! Je me trompe, M. F. les figures vénérables du Christ, de sa sainte Mère, et des apôtres qui ornent sa façade, demeureront là debout, intactes et longtemps conservées, comme des témoins désolés de la gloire du tombeau de saint Gilles. Mais qu'elles expieront cruellement cet honneur ! Aux jours néfastes et plus terribles encore que ceux qui les ont précédés dans les siècles passés, il faudra que le marteau des démolisseurs achève ce qu'avait respecté la torche incendiaire et l'impiété calvinienne du XVIe siècle. Voilà ce qu'a fait la haine, mes frères, et les ruines qu'elle a amoncelées autour de nous n'ont-elles pas une voix pour redire bien haut la gloire de ce sépulcre qui a attiré contre lui les coups et les fureurs de la puissance jalouse de l'enfer.

Voyons maintenant comment cette gloire resplendit encore dans les réparations offertes à ce tombeau par la foi et la piété des enfants de l'Église pendant ces derniers jours.

TROISIÈME PARTIE

Ne croyez pas mes frères, que les paroles que vous venez d'entendre soient empreintes de la plus légère exagération. Ne suffit-il pas en effet de se rappeler l'état dans lequel était tombée la crypte de St-Gilles pour se faire une idée des profanations horribles que lui avait fait subir la fureur des impies en vue de son tombeau ? Repaire des oiseaux de proie, sorte de caveau infect sans lumière et sans air, tel est le triste état où trois siècles d'oubli succédant à la haine la plus aveugle réduit notre crypte incomparable. Mais après les outrages, voici la réparation qui redira plus haut les gloires de ce sépulcre.

Vous savez, mes frères, les regrets profonds qui pesaient sur tous les cœurs à la seule pensée de la disparition mystérieuse éternelle du saint tombeau, qui pendant huit siècles avait attiré ici tous les peuples chrétiens. En vain pour se dédommager de cette perte cruelle les âmes allaient épancher en prières et en larmes brûlantes d'amour, leurs regrets et leurs espérances sur cette terre qui fut témoin des austérités et des oraisons du grand saint Gilles. Nous avons nommé la Sainte-Baume. En vain une relique insigne fut rendue, après bien des prières et des démarches, disons le mot, après le vœu exprimé par le souverain pontife lui-même, à cette antique basilique, seule dépositaire autrefois du corps vénéré de son saint Patron! Prêtres et fidèles soupiraient avec ardeur après la découverte de ce tombeau, arraché depuis trois siècles à leur regard et à leur amour. O Dieu! permettrez-vous donc qu'il soit perdu à jamais, et ne voudrez-vous pas qu'enfin il reparaisse au milieu de vos enfants pour la gloire de votre nom? Vous savez, M. F., comment un zélé pasteur, consumé de l'irrésistible désir de découvrir ce trésor, entreprit courageusement ce grand ouvrage. Il a consulté le ciel; il fait appel à tous les dévouements, il frappe à la porte de tous les cœurs des enfants de St-Gilles, qui sont ses propres enfants. Dieu et les hommes, la terre et le ciel répondent à sa voix. Un instinct mystérieux, a dit un grand évêque, le pousse à faire commencer des fouilles dans l'église souterraine? Enfin, après bien des travaux, des hésitations cruelles et des découragements profonds, le pic du travailleur fait résonner un tombeau! A ce bruit sourd mais révélateur, un doux frisson court dans les veines, on arrive au sépulcre d'où il est parti...et , ô bonheur! on a acquis la certitude que c'est là que reposa le corps de saint Ægidius, dont quelques restes précieux apparaissent encore mêlés à la sainte poussière de son sépulcre....

Comment exprimer maintenant ici, mes frères, les témoignages éclatants d'amour qui entourèrent ce tombeau à partir de ce moment à jamais mémorable? Quelle langue pourra jamais redire et les saintes prodigalités dans le sacrifice et les unanimes et constants efforts de tout un peuple et de son pasteur justement jaloux de rendre dans son amour à ce tombeau plus de gloire encore qu'il n'avait reçu d'outrages dans les jours néfastes où la puissance avait été donnée aux méchants ?

Aussitôt que la crypte, dont nous avons redit et les tristesses et les ignominies a pu montrer son trésor, elle voit sa jeunesse se renouveler comme celle de l'aigle. Tous les arts à l'envi accourent et rivalisent entre eux afin de lui offrir une couronne assez belle pour lui faire oublier les longs jours de deuil auxquels elle fut si indignement condamnée. Et c'est vous, saints pontifes, illustres évêques de Nîmes et de Digne, qui lui apportâtes, à la tête de votre clergé et de votre peuple, le plus riche fleuron.

Que dire surtout de la foi admirable qui se réveilla dès lors vive et féconde au fond de tous les cœurs. L'on put se croire un instant, en plein XIXe siècle, transporté aux âges de foi en ces lieux privilégiés et bénis. Vous en fûtes les heureux témoins, vous tous, pasteurs et troupeau, prêtres et fidèles, et vous la contemplâtes avec admiration. Elle apparut à vos yeux dans ces malades et ces infirmes que l'on portait à ce tombeau, dans ces riches offrandes et jusque dans ces baisers respectueux imprimés avec une inexprimable ardeur sur cette pierre sépulcrale. Ah ! dites, mes frères, les gloires que ces jours de réparation ont rendu au tombeau de saint Gilles n'en ont-elles pas fait un sépulcre glorieux, digne en un mot du grand saint de la vallée Flavienne à qui il servit de dernier asile et dont il conserve encore quelques précieuses reliques ?

O saint tombeau ! tressaille en ce jour, d'une sainte allégresse. Que de ton sein s'échappe une vertu céleste qui, ranimant en nous la foi des anciens jours, éloigne de cette enceinte sacrée toute profanation et y appelle l'amour de la terre et les bénédictions des cieux. Que ta vertu, que n'ont pu tarir ni ces flots de grâces épanchés comme ceux d'un fleuve profond , ni moins encore le souffle de l'ingratitude ou de l'incrédulité armée des puissances de l'enfer, fasse sentir ici de nouveau sa céleste influence. Ah! sans doute, la guérison de nos malades, le soulagement de nos infirmes, la cessation des fléaux qui ravagent nos campagnes sont des grâces que le Ciel peut encore par toi nous accorder, car les dons de Dieu, a dit un grand évêque, sont sans repentance, et tous ces dons, tu nous les accordais autrefois. Mais il est d'autres faveurs dont nous devons aussi nous montrer jaloux. N'est-ce pas en face du tombeau de leur père que les enfants se montrent plus faciles à s'aimer dans le pardon des injures et dans tous les dévouements de la charité fraternelle? N'est-ce pas là aussi que les passions les plus déchaînées se calment et perdent de leurs funestes ardeurs; là que la foi ranime son brillant flambeau; là enfin que les attaches insensées du cœur pour les choses de la terre sont brisées et consumées par les célestes flammes de ce feu ardent qui brûle toujours et ne s'éteint jamais! Eh bien! si nous ne devions plus attendre toutes ces grâces temporelles dont nous nous sommes rendus trop souvent indignes, que du moins nous obtenions par ta protection puissante, ô saint tombeau, la paix dans l'union des cœurs et les joies de la bonne conscience, et un jour le bonheur éternel des saints dans la glorieuse immortalité de la Jérusalem céleste. Amen!

DOCUMENTS

DOCUMENTS

NOTES ET PIÈCES JUSTIFICATIVES

Nº I

Chronique de Pologne et de Boleslas III, du XIIᵉ siècle ;
dits de Martin Gallus.

Boleslaus, dux inclitus,

Dei dono progenitus,

Hic per preces Egidii,

Sumpsit causam exordii.

Qualiter istud fuerit,

Si Deus hic annuerit,

Possumus vobis dicere

Si placeat addiscere.

Relatum est parentibus

Successore carentibus :

Conflate auri congeriem

In humanam effigiem,

Quam mittunt Sancto propere
Fiat ut eis prospere
Votumque Deo voveant
Atque firmam spem habeant.

—

Aurum illico funditur,
Effigies efficitur,
Quam pro futuro filio
Sancto mittant Egidio.

—

Nec mora, missi properant,
Per terras quas non noverant,
Prætereuntes Galliam,
Pervenerunt Provinciam.

—

Missi munera proferunt
Monachi grates referunt,
Causam narrant itineris
Et qualitatem operis.

—

Hunc monachi continuo.
Jejunavêre triduo,

Et dum agunt jejunium,
Mater concepit filium.

—

Sic puer ille nascitur,
Qui Boleslaus dicitur,
Quem Wladislaus genuit
Dux, sicut Deus voluit.

—

Genitrix Judith nomine
Fatale forsan omine ;
Judith salvavit populum
Per Holophernis jugulum.

—

Ista peperit filium
Triumphatorem hostium
De cujus gestis scribere
Jam tempus est insistere.

Nᵒ I

Chronique de Pologne et de Boleslas III du XIIᵉ siècle.

Boleslas, ce prince illustre, vint au monde par une faveur divine ; sa naissance fut un don merveilleux, accordé par le Ciel aux prières de Saint Gilles.

De quelle manière le fait se passa ? si Dieu nous est favorable et qu'il soit agréable de l'apprendre, nous pourrons vous le raconter.

Il fut dit à ses parents privés d'enfants, pour leur succéder : Jetez beaucoup d'or en fonte et faites en un enfant d'or.

Envoyez cette riche statue au bienheureux saint Gilles, pour obtenir la bénédiction du ciel ; faites un vœu au Seigneur et ayez ferme confiance.

Aussitôt l'or est mis en fonte ; un enfant d'or en est formé et, en échange d'un royal enfant désiré, ils l'envoient au bienheureux saint Gilles.

Point de retard, les envoyés hâtent le pas, à travers les pays qui leur sont inconnus ; ils traversent la Gaule, ils arrivent en Provence.

Ils présentent leur offrande aux religieux pénétrés de reconnaissance ; ils disent la cause de leur voyage, et vantent la beauté de l'enfant d'or.

Sans balancer les religieux commencent un jeûne de trois jours, et voilà que, pendant ce jeûne, la duchesse de Pologne a conçu un enfant.

Ainsi nait cet enfant du prodige ; son nom est Bolĕslas ; le duc Ladislas fut son père, selon cette disposition divine.

Sa mère s'appelle Judith, sans doute par un dessein particulier de Dieu. Une Judith avait jadis sauvé son peuple en tranchant le cou d'Holopherne.

Cette autre Judith met au monde un enfant qui triomphera de ses ennemis. Ces actions éclatantes méritent une place d'honneur dans l'histoire. Il est temps d'en publier le récit.

Nº II

Pèlerinage de Boleslas III à Saint-Gilles.

Unum quoque Boleslavus fructum penitencie satis dignum, quod potest reputari de tanto principe cunctis penitentibus quasi signum.

Nam cum ipse non ducatum, sed regnum magnificum, gubernaret, ac de diversis et Christianorum et paganorum nacionibus hostium dubitaret, semetipsum regnumque suum servandum divine potencie commendavit, et iter peregrinacionis ad sanctum Egidium, sanctumque regem Stephanum, occasione colloquii, paucissimis hoc rescientibus, somma devocione consummavit.

N° II

Pélerinage de Boleslas à saint-Gilles

Parmi d'autres fruits de Pénitence que Boleslas produisit, on en cite un qui, dans un si grand Prince doit paraître particulièrement édifiant aux pécheurs pénitents.

Quoiqu'il eut à gouverner, non plus un simple duché, mais un magnifique royaume, agrandi par ses conquêtes, et qu'il eut à se défier de tant de peuples divers, dont les uns avaient été tout récemment convertis au Christianisme, et les autres, comme payens, lui étaient naturellement hostiles, il confia au Seigneur tout-puissant la conservation de sa personne et de son royaume, et accomplit, avec la plus grande dévotion, un pèlerinage au sanctuaire de saint Gilles, et à celui de saint Etienne roi ; le tout à l'insu de ses sujets, sauf un petit nombre d'entre eux qui avaient pu connaître son dessein par quelques mots échappés au roi dans la conversation.

—

Le chroniqueur n'indique pas si Boleslas alla jusqu'à saint Gilles en France, ou s'il se rendit à l'abbaye de saint Gilles en Hongrie. Mais aux archives départementales du Gard, chapitre de saint Gilles, liasse nº 8, se trouve le procès-verbal du volume des archives du chapitre de saint Gilles, le 12 mai 1663, qui fait mention des chartes les plus importantes dérobées, et entre autres, une donation en original, faite au monastère de saint Gilles, par Boleslavus, duc de Pologne, datée dans saint Gilles, en l'année mil huit cent vingt-huit.

Un autre acte qui se trouve aussi aux archives départementales du Gard (même liasse) rappelle le souvenir du présent de quarante ducats en or, envoyé à saint Gilles en 1619, au nom de Sigismond III, roi de Pologne, par le seigneur Jérôme Wollowiez Staroste de Samogitie, pour la confection d'un calice.

Nº III

Donation à l'abbaye de saint Gilles, de quarante ducats en
or, par Jérôme Wollowiez Staroste de Samogitie, au
nom de Sigismond III, roi de Pologne.

Nos Decanus, Dignitates, Personnatus et Canonici
venerabilis capituli ecclesiæ collegiatæ santi Ægidii,
diœcesi Nemausi, provinciæ Narbonensis. Certum
facimus, illustrissimo Dº Hieronimo Wolovicio du-
catus Samogitiæ pro rege et gubernatore, omnibus-
que præsentes litteras inspecturis generosum Petrum
Dominum de Lescotte sacræ regiæ majestatis Poloniæ et Sueviæ aulicum de se in civitatem istam
sancti Ægidii contulisse de industria et animo avi-
sendi celebrem juxta et sacram ecclesiam nostram in
qua ejusdem sancti patris et abbatis sancti Ægidii corpus sanctissimum jacuisse memoriamque
perpetuam annuis sacrificiis votisque certissimis,
vigere et celebrare certissimum est, eumque auctus
D. de Lescotte ut rogatus fuerat a supra dicto illustrissimo Dº Wolowicio in eadem nostra ecclesia
sacrosanctum missæ sacrificium pro eo offerri cu-
rasset ejusque nomine quadraginta ducatos aureos
pro conficiendo calice aut *vase* sacro ubi augustis-

simum Christi corpus reponatur, libere destinasset, cœtera vota pie devotissime exsolvisset , et eumdem ill. D^m. precibus et sacrificiis quæ in S. Ægidii cultum à nobis quotidie Deo fertur, enixe commendaret. Hinc discedentis fidelitatis suæ, atque pietatis eximiæ præsens testimonium concedendum duximus quod manibus propriis suscriptum sigillo capituli nostri obsignandum istam cartam curavimus apud S. Ægidium in capitulo nostro, anno Dæ, Inc. MDCLXXIX. Die 20 octobris.

David archidiaconus, major præcentor — Bellonus thezaurarius. — Penetti vic. gen. — J. Chevalier can. — Beringuerius, id. — Figuieres id. — Courtois, Follerius, Aguerius, Facherus, id., id.

N° III

Nous Doyen, Dignités, Personnats, et Chanoines du vénérable chapitre de l'église collégiale de Saint-Gilles, diocèse de Nîmes, province de Narbonne, certifions à l'illustrissime seigneur Jérôme Wollowiez, duc de Samogitie, au nom du roi et gouverneur, et à tous ceux qui liront les présentes lettres que le généreux Pierre, seigneur de Lescotte, appartenant à la cour de Sa Majesté le roi de Pologne et de Suède, s'est rendu de son propre mouvement et avec l'intention de visiter notre célèbre et sainte église où a reposé le très-saint corps de notre bienheureux Père et abbé saint Gilles, et qu'à perpétuité dans nos sacrifices annuels et nos prières quotidiennes un souvenir honorera celui qui, décoré du titre de Seigneur de Lescotte, a obtenu, comme il en avait été prié par le susdit illustrissime seigneur Wollowiez, l'oblation du Saint-Sacrifice de la Messe, dans notre Église, après la libre destination de quarante ducats en or pour la confection d'un calice ou d'un vase sacré, où doit reposer le très-auguste corps du Christ.

Après quoi le généreux seigneur de Lescotte a voulu offrir au Ciel avec très-grande dévotion plusieurs autres vœux et recommande instamment le même très-illustre Seigneur aux prières et aux sacrifices que nous offrirons tous les jours à Dieu, en l'honneur du bienheureux saint Gilles.

Nous avons jugé opportun, après de si touchants exemples, d'accorder à celui qui allait se séparer de nous, en témoignage de sa fidélité et de son insigne piété, cette charte, sous notre seing et le sceau de notre Chapitre.

Fait à Saint-Gilles, dans notre chapitre, l'an de l'Incarnation de N.-S. 1619, le 20 octobre.

> DAVID, *Archidiacre, Grand Précenteur.* — BELLONUS, *Trésorier.* — PENETTI, *Vicaire-Général.* — CHEVALIER. — BERINGUIER. — FIGUIÈRE. — COURTOIS. — AGUÈRE. — PELLERIN. — FACHERUS, *chanoines.*

N° IV.

Pélerinage de M. le comte Alexandre Przezdziecki, tel qu'il est relaté dans un acte authentique laissé par lui dans les archives de la paroisse.

Venu à Saint-Gilles le 28 août de la présente année 1851, pour rechercher les traces d'un évènement historique dont la mémoire subsiste encore en Pologne dans les nombreuses églises fondées au XIIe siècle sous l'invocation de saint Gilles, je n'y ai plus trouvé que le magnifique portail roman de son église, la précieuse collection de ses bulles et les ruines amoncelées par les guerres civiles.

Pour transmettre à la postérité le souvenir de la naissance de Boleslas III, duc de Pologne, demandée aux prières de saint Gilles, et renouveler un acte de gratitude des ancêtres envers la DIVINE PROVIDENCE, j'offre à l'église de St-Gilles, un saint ciboire en vermeil exécuté dans les ateliers de M. Froment Meurice, orfèvre joaillier de la ville de Paris. — Le couronnement du couvercle représente la naissance de Boleslas, due aux prières de saint Gilles, et la figure du saint est modelée d'après un sceau en plomb de St-Gilles de l'an 1185, attaché à une charte conservée dans les archives départementales des Bouches-du-Rhône à Marseille. (Papiers du prieuré de la maison de saint Jean à St-Gilles).

Autour de ce précieux joyau on lit les inscriptions suivantes: *Alexander Przeʒdiecki polonus ad renovandam veteris beneficii memoriam V. Kal. sept. A. D. MDCCCLI. Ædem B. Ægidii in valle flaviana ingressus D. O. M. calicem monumentum pietatis ex voto D. D. D. sanctus Stanislas. — Stus Casimirus. — Stus Salome intercedente B. Ægidio patrono cœlesti, Boleslaus III dux poloniæ patri populoque natus est A. D. MLXXXV.*

Puisse ce vase sacré servir longtemps pour la plus grande gloire de Dieu et la sanctification des fidèles.

Fait à Paris, le 30 octobre, 1851.

Cte Alex. PRZEZDZIECKI.

A l'apparition du livre sur St-Gilles et son Pèlerinage, un exemplaire fut envoyé au noble Comte. Quelques mois après l'on reçut de Varsovie à St-Gilles la réponse suivante.

Lettre du comte Constantin Przezdziecki :

Varsovie, 8 août 1878

Monsieur l'Abbé,

La poste m'a remis, il y a quelques temps, l'intéressant ouvrage sur St Gilles que vous avez bien voulu envoyer à l'adresse de mon père. Il y a plus de six ans, hélas! que je pleure la perte de celui à qui votre envoi était destiné et qui eût tant joui des progrès que le culte de saint Gilles a fait depuis sa visite à l'abbaye en 1851.

Permettez-moi, Monsieur le Curé, de vous envoyer en échange de votre bon souvenir 50 exemplaires d'une gravure sur bois reproduisant le ciboire donné par mon père.............. Je médite cependant encore un souvenir plus durable de notre reconnaissance, mais permettez-moi de vous en réserver la surprise.

En attendant, croyez-moi, Monsieur le Chanoine, votre très-respectueux et très-dévoué,

Cte Constantin Przezdiecki.

Nº V.

Don fait à l'église de St-Gilles, par sa sainteté Pie IX, d'un ostensoir, août 1877.

Ce don, précieux par la main qui a daigné l'offrir à l'antique abbatiale de St-Gilles, l'est aussi par la perfection de l'ouvrage et le fini du travail.

Voici la description intéressante et fidèle qui en a été donnée par la *Semaine Religieuse* du diocèse, lors de son arrivée à l'évêché de Nîmes.

« Contrairement à tant d'ostensoirs modernes
« dont le soleil n'est pour ainsi dire qu'un acces-
« soire dans un ensemble parfois extravagant, nous
« avons ici une vraie monstrance. Le soleil est tout
« et par ses grands rayons ondés et rigides, et par

« les fins ornements placés en avant et non plus
« plaqués, ce qui laisse à chaque détail toute sa va-
« leur et tout son relief. De plus, le diamètre de la
« custode est fort grand, et, par le vide considérable
« dans lequel se présente la Ste-Hostie, cette cus-
« tode rappelle toute l'importance donnée jadis à
« cette partie des monstrances, dans lesquelles la
« divine Eucharistie est toujours isolée de l'orbe et
« des rayons qui l'encadrent. Une simple tige pris-
« matique fortifiée dans la hauteur par le nœud
« traditionnel, avec émaux bleus sur champ, levés,
« supporte ce large et plantureux soleil. Le pied
« barlong et festonné est orné de gravures et de
« feuillages relevés. Ces derniers entourent le bas de
« la tige. »

—

Une des abbayes les plus illustres parmi celles
dédiées à Saint Gilles, est sans contredit celle de
Sémichen, en Hongrie, fondée par le roi Ladislas
et réunie par le pape Pascal II, à l'abbaye de St-Gilles
de la vallée Flavienne en 1106 ; elle est toujours
nommée la première après celle-ci.

A défaut de la bulle que nous désirions insérer ici, ainsi que celle de la sécularisation du monastère de St-Gilles, nous donnerons la lettre que le curé de la cour et du palais impérial de Vienne nous a fait l'honneur de nous adresser en qualité d'abbé de St-Gilles de Sémichen, abbaye dont il ne reste plus, hélas! que des ruines et le titre honoré et glorieux.

N° VI.

Lettre du D. L. Mayer, curé du palais impérial de Vienne, abbé mitré de St-Gilles.

Admodum reverende Domine, Litteras ad me directas una cum libro de ecclesià sancti Ægidii in Francia rite accepi; quapropter gratias agere non cunctandum puto.

Quod attinet petitionem, ut exhibeam aliquas notas de monasterio istius sancti in Simighio, regiis Hungariis, nunc non amplius existente, valde doleo, quod non possim votis satisfacere. Etenim quamvis istius abbatiæ titulo insignitus sim, non tamen etiam cum illa conjonctionem aliam non substineo. Nam valet indè a longissimis temporibus consuetudo ut cuivis parocho C. R. Aulæ titulus alicujus abbatiæ Hungariæ conferatur, cum quo usus Pontificalium quidam, sed nihil amplius conjunctum est. Sic ergo mihi inter plurimos tales titulos, de quibus rex apostolicus Hungariæ disponit, iste selectus fuit quin tamen exinde aliquam obligationem aut etiam jura qualiacumque hausissem.

Ex opere autem quamdam historico notitiam sumpsi, quod monasterium Sti Ægidii in Simighio a presbyteris S. Benedicti francogallicis fundatum et Turcis post pugnam propè Mohais eversum est ; nunc solummodo ruinæ et quidem perpaucæ exstant. Cæterum gaudeo quod tamen aliquos ut ita dicam lapidiculos ad restaurationem templi in Francia, quod nomen S. Ægidii gerit, ejusque tumulum continet, conferre valeam. Litteras nempe ad suam Cæs. et Reg. Apost. Majestatem Franciscum Josephum directas congruenti loco exhibui, cujus rei successus *centum francos,* sunt, quos Imperator munificentissimè pro hoc scopo destinare dignatus est, quique hic inclusi reperiuntur.

Huic dono imperiali in mea parte decem francos adjungere audeo in compensationem libri,
quem retineo, sperans quod egregios exinde colli-
gere possim fructus spirituales. — Salutem et ora-
tionibus admod. rever. Dni commendatus persisto.

Humillimus in Chr. confrater D. L. MAYER pa-
roch. Cæs. et Reg aulæ atque palatii Abb. S. Ægidii Pontificalium usu insignitus.

Viennæ in Austria, die 27 sept. 1877.

Nᵒ VI.

Lettre du D. L. Mayer, curé du palais et de la cour impériale
de Vienne, Abbé de St-Gilles de Sémichen.

Vénéré et bien cher Monsieur,

J'ai reçu avec bonheur la lettre et le livre de St-
Gilles en France, que vous avez bien voulu m'adresser, et je m'empresse de vous en exprimer toute ma
gratitude.

Vous me demandez de vous fournir des rensei-
gnements historiques sur le monastère de St-Gilles
de Sémichen, dans le royaume de Hongrie. Il
n'existe plus aujourd'hui et c'est pour moi une bien
grande peine de ne pouvoir condescendre à vos

désirs. Bien que portant le titre d'abbé de St-Gilles, il n'en résulte cependant pour moi aucune charge.

Depuis de longues années, il est d'usage ici que tout curé de la cour impériale reçoive le titre d'une abbaye de la Hongrie et, avec ce titre, l'usage de la crosse et de la mitre.

Sa Majesté Apostolique a donc voulu que ce titre d'abbé de St-Gilles dont il peut disposer me fût conféré préférablement à tout autre.

De plus, voici ce que m'ont fourni de données historiques les sources les plus accréditées ici. C'est à des prêtres de l'ordre de St-Benoît, venus de France qu'est due la fondation du monastère de St-Gilles de Sémichen. Après un combat acharné livré par les Turcs près de Mohais, le monastère fut détruit de fond en comble. Il n'en reste plus que quelques ruines.

Toutefois, je suis heureux de pouvoir contribuer à la restauration du sanctuaire de St-Gilles en France, si justement glorieux, de conserver son immortel tombeau, bien que ce ne soit que d'une manière bien faible hélas !

J'ai présenté à S. M. Impériale, Royale et Apostolique François-Joseph vos lettres et S. M. l'Empereur, répondant à votre demande, a daigné vous adresser un billet de cent francs pour vous aider dans votre pieuse entreprise.

A ce don si précieux permettez-moi de joindre mon humble offrande, heureux de posséder à des conditions si faciles un livre qui sera pour moi, je l'espère, une source très-abondante de biens spirituels les plus précieux.

Daignez, bien vénéré Monsieur, m'accorder une part dans vos prières.

Votre très-humble confrère en J.-C.

D. L. MAYER.

Curé à la cour impériale et royale, et du palais, Abbé mitré de St-Gilles.

Vienne en Autriche, ce 27 septembre 1878.

Nº VII.

Propriétés de l'église de Saint-Gilles.

Les biens si considérables de l'église de St-Gilles et de son monastère, où reposait le corps du grand saint, furent reconnues dans une bulle du Pape Jean VIII en date du 20 juillet 878, et bientôt après, le 18 août suivant, une deuxième bulle confirma la première et fut promulguée au Concile de Troyes devant le roi Louis-le-Bègue. Dans la nomenclature de ces biens, nous trouvons les noms suivants, qui rappellent les plus belles propriétés de nos contrées : Toutes les dépendances de l'église St-Saturnin au nord de St-Gilles ; — l'église, le domaine et les serfs de Sieure ; — le monticule du Cocon à Générac avec ses champs et ses vignes ; — des domaines considérables à Aigues-Vives, Aubord, Agarnelle ; — du côté de l'est, les domaines de Bions, Broussan, Loube ; — du côté de l'ouest, Espeiran et les magnifiques dépendances de ce royal domaine; — l'Église de St-André avec ses dépendances ; — la rive Gothique et la côte de la Ribasse. — Le monastère avait encore des biens dans les lieux connus sous le nom de Signan, Signans Stacions, Gourg le Cailar et Brasques.

Nº VIII.

Reliques de saint Gilles

Le monastère de St-Gilles demeura en possession des reliques de son saint fondateur jusqu'après le milieu du XVIᵉ siècle, époque à laquelle elles furent déposées dans la crypte de St-Sernin de Toulouse. Depuis, comme il a été raconté dans le cours de notre ouvrage des portions des reliques de saint Gilles ont été rapportées dans leur église-mère sur les instances mêmes des pontifes de Rome ; des parcelles nombreuses de ces précieuses reliques ont été aussi retrouvées et reconnues authentiques, dans le tombeau du glorieux saint Gilles lors de sa découverte ; elles n'en étaient jamais sorties, comme elles y demeureront aussi pour toujours, espérons-le du moins.

Un ouvrage très-important sur les reliques de saint Gilles, auquel travaille depuis plusieurs années un prêtre distingué, est en ce moment impatiemment attendu en Belgique et en France ; il satisfera bientôt, espérons-le, les légitimes désirs des enfants de Saint-Gilles sur cet important sujet : en attendant nous allons résumer ici d'une manière très-succincte ce que l'histoire nous en apprend. —

Le corps vénéré de saint Gilles, sous l'administration d'Autulphe 5ᵉ abbé de Saint Gilles, fut transporté dans l'église dite Église majeure, bâtie anciennement et qui existait dès 923 . Elle fut remplacée par l'Église actuelle, dont on jeta les fondements en 1116 ; mais le tombeau fut conservé dans l'emplacement qu'il occupe aujourd'hui, comme il est facile de s'en convaincre par l'inspection des lieux. C'est de ce tombeau qu'ont été extraites ces précieuses reliques, soit pour être exposées dans les riches reliquaires dans l'église même de saint Gilles, soit pour devenir le précieux trésor d'un grand nombre d'églises dans le monde entier.

Citons avec le père Stiling, un des continuateurs de Bollandus, en premier lieu, l'église métropolitaine de Strigonie qui possédait quelques parcelles notables de ces reliques. En 1487, elles furent cédées à Alphonse, roi de Portugal, et, après avoir été rendues à la France, elles furent déposées à Anvers dans l'abbaye de Saint Sauveur. Une autre portion des reliques fut portée en Belgique et, après avoir séjourné dans les diocèses de Reims et de Besançon, elle fut concédée enfin à l'église de Saint-Gilles de Bruges.

L'église de Saint-Gilles de Paris et la ville de Bamberg obtinrent une parcelle de cette précieuse relique.

Le savant Père Stiling nous apprend encore dans ses intéressants écrits que des reliques de saint Gilles étaient vénérées encore à St-Omer, dans l'église des Jésuites anglais, à Avesnes ; dans l'abbaye de Liessiès ; à Tournay, dans l'abbaye de saint-Nicolas-les-Près ; à Walcourt, dans l'église de Notre-Dame ; à Cambrai, dans l'abbaye du Saint-Sépulcre ; à Cologne, dans diverses églises, telles que les collégiales de Saint-Géréon et de Saint-Cunibert ; à Prague, dans l'Église métropolitaine de Vite ; à Bologne, dans l'Église de Saint-Étienne, et dans celle de Saint-Ignace des Jésuites ; enfin à Rome, dans l'Église de Sainte-Agathe.

Saintes Reliques, qu'êtes-vous devenues depuis que tant de souffles de tempêtes ont été déchainés par les Révolutions sur les églises qui vous possédaient ?

Peut-être avez-vous été préservées, comme tant d'autres, par la piété courageuse et prévoyante des enfants dévoués de Saint-Gilles.

Combien d'autres églises aussi ont été, comme celle de Portes par exemple, enrichies depuis, de reliques dues à la très-grande charité de ceux qui en possédaient plusieurs ! — Toutes ces considérations font désirer plus vivement encore l'apparition de l'histoire détaillée des reliques de saint Gilles dont la Belgique, si dévouée à notre saint patron, doit doter notre Église.

IX

Églises et monastères dépendant de l'abbaye de Saint-Gilles.

Une bulle de Calixte II, datée de l'an 1120, cite parmi les dépendances du monastère de Saint-Gilles de la vallée flavienne :

Le monastère de Saint-Gilles de Hongrie ; l'église Saint-Gilles de Acio (Apt en Provence), Saint-Gilles du château de Dun, diocèse de Reims, avec l'église de Marval ; Saint-Gilles de Lignac ; Saint-Gilles de sur Vie, diocèse de Luçon ; Saint-Baudile d'Espagne ; Sainte Eulalie de Balbastro en Aragon.

Innocent III, dans une bulle datée de 1208, ajoute à ces églises celles dont les noms suivent, et qui reconnaissent le monastère de Saint Gilles de la vallée flavienne comme maison-mère.

Ces églises sont : l'église de Saint-Gilles de Tolmon ; les églises de Saint-Gilles de Creissac, de Revinis, de Boconoa de Lucapel, à Mont-Gaillard, diocèse d'Aire ; de Saint-Hippolyte, diocèse de Mende, de Saint-Jean du Gard avec ses habitants ; de Monleran, de Saint-Martin de Serviers, de Corconne ; de Saint-Amand, près de Sommières, l'église de Saint-Pons de Sommières devant passer plus tard sous la dépendance de l'abbaye de Saint Gilles ; les églises de d'Aujargues, de Signan, de Bernis, d'Estagel de Saint-Félix d'Espeyran, de Sainte-Colombe, de Saint-André de Camarignan, du diocèse de Nîmes.

N'oublions pas de citer ici l'église de Sainte-Marie de Saturargues, diocèse de Montpellier ; l'église de Saint-Gilles de Missiniac ; l'église de Saint-Étienne du Cailar, diocèse de Nîmes ; l'église Saint-Pierre de Provenchère, diocèse de Mende ; l'église de Robiac avec sa chapelle, diocèse de Nîmes, autrefois d'Uzès, et encore les églises des Vans, de N.-D. de Fraissinet ; de Saint-Étienne de Minerve, diocèse d'Avignon ; de Saint-Christophe de Vacquières, avec sa chapelle et ses habitations près de Sisteron, diocèse de Digne ; de Saint-Sauveur de Caissargues ; de Saint-Eugène de Comberrac ; de Malbosc, diocèse de Viviers. — Quant aux Églises qui prirent Saint Gilles pour patron elles sont innombrables et l'on peut dire qu'elles sont répandues dans toutes les parties du monde.

N° X.

Monitoire de N. S. Père le Pape Alexandre VII pour la la restitution des tiltres et documans que appartiennent au Chapitre de Saint-Gilles, et pour la révélation des complices, qui ont enlevé les archives du mesme Chapitre, la nuict du onziesme de may mil six cent soixante trois.

Alexandre Évesque, serviteur des serviteurs de Dieu, à nos vénérables frères, l'Archevesque d'Arles et aussi les Évesques d'Uzès et de Nîsmes ou à nos fils bien-aimés leurs officiaus : Salut et Apostolique bénédiction. Nos bien-aimés fils le Chapitre et les chanoines de l'Église séculière et collégiale de Saint-Gilles de la mesme ville de Saint-Gilles au diocèse de Nismes, nous ont faict sçavoir que quelques hômes, enfans d'iniquité. qu'ils ne cognoissent du tout point, ont dérobé sans considération et se sont saisis des tiltres, papiers et documents des escritures publiques et privées dignes de foy, et des

livres qui font voir clairement les droitz de cences
des terres, des maisons, des possessions des biens,
meubles et immeubles, et spécialement les livres des
comptes et des raisons, comme aussi tous les droits
que le Chapitre a sur les rantes et sommes, consis-
tant en or, en argent, en fer, en bois, en érein, en
estain, en leton, en lin, en chanvre, en vin, en
huille, en orge, en bled, et en quantité d'autres
fruicts decimoun et prémices, appartenant légitime-
ment à la manse capitulaire ; laquelle se trouvera
réduite en telle misère à l'advenir, qu'elle ne pourra
fournir les croix, les calices, les patènes, les chan-
deliers, les vases d'or et d'argent, les ornemans et
paremans d'église soient d'étoffes de laine, de lin, de
soye, ni meubler l'église de tapisseries convenables
aux jours solennels, lesquelles choses, ces brigands
et voleurs, par une présomption plaine de malice
ont injustement cachées, et comme elles estoiêt
précieuses et importantes au Chapitre, ils les retien-
nent meschammêt, causant par cette volerie la perte
mesme du bestail servant à l'usage de ladite église,
qui reçoit un domage inestimable, excédant la valeur de cinquante ducats, qui cause le péril de leurs

âmes et la ruine totalle de la manse capitulaire, de laquelle lesdits chanoines et chapitre nous ayants informé, ont imploré le secours du St-Siège apostolique pour y remédier ; c'est pourquoi nous mandons à vostre fraternité, frères archevesque et evesques, par ce bref apostolique, ou en cas de vos absences, à nos bien aimés fils, vos officiaux, en tant que de besoin, vous et un chacun à part soy et selon que vos consciences trouveront convenable, qu'après une même et diligente considération exactement examinée des qualités des personnes offencées du temps, du lieu et de la chose dérobée, la sies annoncer publiquement dans vos villes de résidance et dans tous vos diocèses, que tous les détempteurs des choses desrobées, les recelateurs d'icelles, ou ceux qui sçavent où elles sont, ou ceux qui causent la perte et domage incogneu, si dans le temps que vous ou par autre ou autres personnes leur aures marqué, et faict dire dans vos églises, en présance du peuple lesd. valeurs, et ceux qui sont saisis des biens appartenants à la manse capitulaire ne les restituent, et ceux qui le scavent ne le revelent, que vous après avoir indiqué sur ce subjet un autre terme péremptoire, dès lors vous prononciez sur eux une généralle sentence d'excomunication que vous ferés publier solennellement, ou quand et toutes les fois que vous jugerez être expédiant et jusques à l'entière et digne satisfaction, voulons toutefois que si convient tirer des preuves par cette révélation, qu'elle ne puisse servir que pour l'intérêt civil estre traités civilement, autrement que ladite révélation ne puisse faire foy. ni en jugement, ni hors dicelluy.

Donné à Rome à Ste-Marie Major, l'an de l'Incarnation du Seigneur, 1663, le 13 de juin, et la 9e de notre pontificat, estant ledit bref scellé du sceau de plomb et marqué d'un costé des images de S. Pierre et de S. Pol, et de l'autre, il y a Alexander Septimus.

Articles du monitoire, comme ils ont été publiés
à Saint-Gilles.

Contre toutes personnes qui sçauront pour avoir veu entendu, ouy dire ou aultrement que la nuict du vendredy entrent au onzième iour du mois de may dernier, veille de la Pantecoste, certains personnages auroièt enfoncé, brisé et enlevé une partie de la vittre de lesglisse de cette ville de Saint-Gilles, respondans aux archives du Chapitre qui estoient dans la chappele qui est au derrière, ou repose le très-saint, très-adorable sacrement de l'autel, destaché les barres de fer qui tenoient la ditte vittre et enporté lantière grille de la ditte fenestre qui estoit attachée par de hors pour la conservation d'icelle faicte de fil de richal, avec le chassis de fer qui la tenoit attachée, ils ayent à le dire et le reveler sur peine d'excomunication.

Comme de mesme contre toutes persodnes qui sçauront pour auoir veu ouy dire ou aultrement, qui flust celluy ou ceux qui furent employez pour faire l'enfoncement de la ditte vittre, arrachement des barres de fer qui la tenoient et de l'enlèvement de la grille d'icelle, et ceux qui donnèrent ou prestèrent les utils pour ce faire, et quel fult celluy ou ceux qui emportèrent la ditte grille avec son chassis de fer, et en quel lieu ils la transportèrent et cachèrent, qu'ils ayent à les reveler soubs mesme peine.

Contre tous ceux qui sçauront pour avoir veu ouy dire ou autrement, quels sont ceux qui baillèrent et prestèrent les eschelles et cordages pour faire l'enfoncement de la ditte vittre et autre choses sus dites que pour dessendre dans la chappele ou estoient les dites archives, ayent à les reveler comme dessus.

Item, contre toutes les personnes qui auroient veu ouy dire ou aultrement, quels furent les personnages qui par la ditte vittre ouverte descendirent dans la chapelle des dittes archives, et qui après avoir essayé d'enfoncer la ferrure du coffre où estoient les papiers, tiltres et documans de la ditte eglise et Chapitre, avec sizeaux, marteaux et autres utils, et n'ayans pu enfonser n'y ouvrir la ditte serure, ils auroient renversé le dit coffre, et le fonds d'icelluy descloué, rompu, brisé, et par ce moyen ouvert le dit coffre, qu'ils ayent pareillement à le déclarer et recveler soubs mesme peine.

Contre toutes personnes qui sçauront pour avoir veu oui dire ou aultrement, quels furent les personnes qui après la ditte ouverture et enfonsement du dit coffre, prirent et enlevèrent les papiers, tiltres et documans qui estoint en iceluy, et quelles personnes furent laissées au dehors de la ditte chapelle pour recepvoir par la ditte vitre rompue lesdis papiers des mains de ceux qui les enleurent du dit coffre, ayent à le reveler soubs mesme peine.

Contre toutes personnes qui sçauront pour avoir veu oui dire ou aultrement, qu'après l'anlèvement des dis papiers, tiltres et documans susdits et iceux sortis de la ditte chapelle et archives, en quel lieu, en quelle part et dans quelle maisons les dis papiers furent traduis et portés, ils ayent à le reveler à peine d'excomunication.

Contre toutes personnes qui sçauront quelles sont les personnes qui ont donné l'inuantion et conseil de faire le vol des dis papiers et damnable sacrilege, qu'ils ayent à le reveler sur peine d'excomunication.

Contre tous ceux qui sçauront pour avoir veu ouy dire ou aultrement, que certains personnages discourant de l'enlèvement fait des dis papiers, iceux auroient dit que dans peu de temps et peu de jours ils rendroient les papiers, ayent à le reveler soubs mesme peine.

Contre toutes personnes qui sçauront pour avoir entendu veu ouy dire ou aultrement, que certains personnages se seroient iactes de vouloir enlever les dis papiers, et après l'enlèvement d'iceux auroient dit qu'ils l'avoient faict et voulu faire, qu'ils se mouquoint de ce qu'on pouvoit faire pour les avoir, et qu'ils ne seroient rendus que quand ils voudroient et que pour de preuves dudit enleuement, il n'y en auroit point d'autant qu'en ce pays et mesme en cette ville on se moque des monitoires et des excomunications, ayent à le reveler soubs mesme peine.

Contre toutes personnes qui sçavent pour avoir veu ouy dire ou aultrement, qui sont ceux qui detiennent despuis longtemps des papiers, tiltres et documents du Chapitre, et qui se font iactes d'en auoir et de bien importans, qu'ils ayent à le déclarer et reveler sur peine d'excomunication, et aux detempteurs d'iceux de les rendre et restituer au Chapitre sur mesme peine.

Et finalement contre toutes personnes qui sçavent pour avoir veu entendeu ouy dire ou aultrement, comme la veille de la feste de la Pentecoste dernière, certains personnages entendant sonner les cloches pour la solemnité du lendemain, auroient dit haultement par derrizion et moquerie quels clars sonne t'on, est-ce celuy de l'enterrement des papiers du Chapitre, et en suitte auroient dit de quoy vivront asture les chanoines ? sur quoy fust respondeu par une personne de la troupe qu'ils vivront d'asperges et d'herbes comme les bestes, qu'ils ayent à le dire et reveler sur peine d'excomunication.

N° XI

Le Bienheureux Pierre de Castelnau et le Bienheureux Reginald de Saint-Gilles

Les Cisterciens se signalèrent, dès leur origine, aux premiers rangs de l'église militante, comme après eux les Bénédictins et plus tard les Jésuites. Toutes les fois que l'église a été dans une situation critique, le Seigneur a suscité des hommes qui, sans crainte et sans hésitation, ont marché droit à l'ennemi. La seconde moitié du douzième siècle fut un de ces temps de crise et de péril pour le sud de la France. On vit alors l'erreur manichéenne, mêlée à des restes d'arianisme, favorisée par la légèreté des mœurs de l'époque, soutenue par les vices des seigneurs, mollement combattue par un clergée dégénéré détacher des populations entières du giron de l'Église et les diviser mortellement entre elles. Le protecteur le plus puissant de cette hérésie était Raymond VI, comte de Toulouse, dont les domaines s'étendaient sur la plus belle partie de la France méridionale. Les papes chargèrent l'ordre de Cîteaux de réfuter et d'instruire les hérétiques. Parmi les moïnes se trouvait l'ancien archidiacre de Maguelonne, Pierre de Castelnau qui avait pris l'habit de Cîteaux dans le couvent de Fontfroide au diocèse de Narbonne et à Toulouse ; le Pape Innocent III avait, dès 1203, chargé Pierre et son confrère Rodolphe de ses pleins pouvoirs pour ramener les fidèles égarés, ramener la paix de l'église, et il avait recommandé ses deux mandataires à l'archevêque de Narbonne et au Roi de France.

Ils demandèrent au conseil et aux autorités de Toulouse de jurer obéissance à l'Église ; puis ils déposèrent les évêques du Vivarais, de Béziers et de Toulouse, coupables de graves négligences et suspects d'hérésie, et obtinrent du pape un sévère avertissement pour l'archevêque de Narbonne lui-même qui n'était pas beaucoup plus sûr que les autres. Pierre, et ses compagnons, furent encouragés par l'arrivée et les conseils de Dominique, chanoine d'Osma. Ils se réunirent en conférence avec les chefs des hérétiques au château de Montréal. Les hérétiques ne voulurent pas s'avouer vaincus, et, le comte de Toulouse, refusant de se séparer d'eux, Pierre de Castelnau fut obligé de le déclarer excommunié, ce qui, d'après les idées dominantes, donna aux seigneurs catholiques le droit de prendre les armes contre lui et de lui faire la guerre comme à un païen. Ceci détermina le comte à se réconcilier avec l'Église. Après une pénitence publique, Raymond fut admis par Pierre à la communion et prêta serment d'obéissance aux prescriptions de l'Église. Raymond conçut une haine mortelle contre celui qui l'avait obligé à cette odieuse dissimulation, et il s'exposa à une nouvelle excommunication. Toutefois, pressentant les suites désastreuses de sa situation, il invita Pierre à se rendre à Saint-Gilles sous prétexte de s'y entendre complètement avec lui en janvier 1209. Le comte d'abord plein de condescendance y manifeste peu à peu une invincible résistance. Pierre, ne voyant alors rien de sérieux dans ces pourparlers, prit congé du comte ; mais alors celui-ci : « Qu'il s'en aille par terre ou par eau, s'écria-t-il, je le retrouverai partout. » L'abbé et les bourgeois de Saint-Gilles se décidèrent à accompagner Pierre avec une troupe armée jusqu'au lieu de l'embarquement sur le Rhône. Quelques hommes à la solde du comte se trouvaient dans une auberge voisine. Au moment où, le matin du 15 janvier, Pierre voulut s'embarquer, un des estafiers de Raymond lui poussa l'épée dans les reins. Pierre s'écria : « Dieu te pardonne comme moi ; » et il tomba mort. Ce crime tourna contre son auteur et au profit de l'Église. Les fidèles se réveillèrent, les docteurs se ranimèrent, les évêques sortirent de leur torpeur. Raymond, à toute extrémité, se réconcilia avec l'Église ; Pierre, qui avait perdu la vie en remplissant sa mission, fut honoré comme un martyr, et son nom mis au nombre des saints par le Pape. Ses restes mortels demeurèrent dans l'abbaye de Saint-Gilles.

HURTER.

—

Le bienheureux Réginald de Saint-Gilles, appelé aussi dans les annales de Saint-Dominique Régnier ou Renaud de Saint-Gilles, naquit vers le même temps à Saint-Gilles. Échard dit *(Script. ord. Præd.,* I, p. 89)* qu'Antoine de Sienne est le premier auteur qui eût attribué Saint-Gilles à Réginald pour lieu de naissance ; mais, en appelant notre bienheureux Réginald de Saint-Gilles, il n'a fait, pensons-nous avec le S. P. Emmanuel-Ceslas Bayonne, prieur et érudit historien du bienheureux Réginald, il n'a fait que constater la tradition générale sur le lieu de sa naissance adoptée et consacrée depuis par les historiens les mieux accrédités (1). Nous ne pouvons résister au désir de mettre sous les yeux de nos lecteurs les lignes suivantes, que nous empruntons à la plume d'un religieux de l'ordre de St-Dominique, digne à tous égards de retracer les principaux traits de cette sainte vie.

Nous aimons à nous le représenter agenouillé sur le tombeau de saint Gilles, lui confiant dans la pleine effusion de son âme le dépôt sacré de sa foi et de sa vertu.

Nous le suivons dans sés pieux pè'erinages, des Beaumes, où Saint-Gilles et Saint-Vérédème avaient

(1) Nous avons pu constater par nous-même combien cette tradition qui regarde le B. Réginald comme originaire de Saint-Gilles est accréditée même à Orléans, dans un voyage que nous fîmes dans cette ville, en 1875, et où l'on nous fît visiter avec le plus grand empressement l'église de Saint-Aignan illustrée par les vertus de notre Bienheureux.

prié ensemble, aux rivages de la Méditerranée, où avaient abordé les premiers apôtres de la Gaule qui devait être la fille ainée de l'Église. Nous l'entendons interrogeant tour à tour, avec une curiosité et un amour qui ne se lassent jamais, les chevaliers du Temple et de Jérusalem, bien moins pour apprendre leurs exploits contre les infidèles, que pour connaître la *Terre-Sainte*, où s'étaient accomplies les grandes scènes de la rédemption. Nous le voyons enfin élevé, dès l'âge le plus tendre, à l'école de l'abbaye, comme plus tard St Thomas à celle du Mont-Cassin. — Qui pourrait ignorer que le trésor des lettres fut préservé d'une destruction totale par l'Église aux temps des invasions barbares, et toujours sauvegardé et accrû à l'ombre des cloîtres et des cathédrales ? Et c'est à l'Église, c'est aux religieux, ses plus nobles et plus dévoués fils, que notre pauvre siècle veut contester cette liberté, et veut ravir le droit et la mission d'enseigner !

Nous voyons ensuite le B. Réginald étudiant et docteur à l'Université de Paris ; plus tard il devient doyen de la collégiale de Saint-Aignan à Orléans ; nous le suivons ensuite à Rome et à Jérusalem, pieux et fervent pélerin ; nous le trouvons enfin apôtre et frère prêcheur à Bologne et à Paris, où il meurt en 1220, couché sur la cendre au milieu de ses frères qui priaient et pleuraient autour de lui s'élançant de là vers l'opulence et la gloire de la maison de Dieu, après avoir été sur la terre un amant intrépide de la pauvreté et de l'humilité.

(JOURDAIN DE SAXE).

N° XII

Établissements religieux de Saint-Gilles au moyen-âge, leur importance et leurs illustrations.

Avec ses sept paroisses, son couvent de l'ordre de Morimond à Franquevaux, une maison des frères mineurs, Saint-Gilles possédait ces grands établissements religieux qui étaient regardés avec raison au temps des Croisades comme la gloire principale des cités chrétiennes et leurs plus précieuses ressources dans ces temps d'expéditions lointaines pour la défense des saints Lieux.

Un couvent de religieux Trinitaires pour la rédemption des captifs, un hôpital pour les lépreux, une maison des Chevaliers du Temple, un prieuré de l'ordre de Saint-Jean-de-Jérusalem, *la première maison* de l'ordre fondée en Europe, la plus considérable de la langue de Provence.

Cinq des grands prieurs de Saint-Gilles devinrent grands maîtres de l'ordre de Malte : en 1296 Guillaume de Villard ; en 1323, Elion de Villeneuve ; Dieudonné de Gozon, le destructeur du serpent de Rhodes devint un de ses successeurs, il était digne par ses vertus de prendre un jour la place de celui qui avait été son maître; en 1353, Pierre de Corveillan, noble et énergique caractère; en 1557, Jean de la Valette Parisot ; en 1622, Antoine de Paul, qui sut unir, chose bien rare, à la fermeté de son commandement une grande douceur.

Cinquante-quatre commanderies envoyaient au grand prieuré de St-Gilles les plus abondants secours, qui prenaient ensuite la direction pour les maisons de Jérusalem de Malte ou de Rhodes. — Ce port était un des plus fréquentés; il recevait tous les jours les vaisseaux de Gênes et de Pise et entretenait des relations directes avec la Palestine. C'est là que Louis VII descendait en revenant de la Croisade.

N° XIII

Extrait du rapport présenté à l'assemblée générale de la
Conférence de St-Vincent-de-Paul, relatif à Saint-Gilles
(Tarascon-sur-Rhône,)

Le dimanche 29 avril de l'année 1877, les conférences de Nîmes, Montpellier, Cette, Lunel, Arles
et Tarascon, réunies en un splendide pèlerinage,
composé d'environ quatre cents hommes, faisaient
leur entrée solennelle dans une petite ville du Languedoc, ayant dû jadis sa célébrité à un tombeau;
celui d'un Athénien illustre, ayant nom Ægidios,
honoré aujourd'hui sous le nom de saint Gilles,
l'ermite de la forêt Flavienne.

Vous n'avez pas oublié, chers confrères, nos compagnons de cette sainte pérégrination, les douces
émotions de cette journée : la ville de Saint-Gilles
s'étant levée, ce jour-là, comme un seul homme
pour faire à ces phalanges de croyants et de robustes chrétiens un accueil et une ovation dignes des
siècles d'un autre âge, ayant à sa tête son pasteur
vénérable et les membres de son clergé ; ces fanfares harmonieuses, ces détonations d'artillerie, ces
élégantes décorations, et ces verdoyants arcs de

triomphe élevés dans les rues où devait passer le pieux cortège, sur lesquels on pouvait lire des inscriptions formulant des vivats pour le grand héros de la charité et de ses enfants ; vous n'avez pas oublié le grand sacrifice des chrétiens célébré dans la crypte du XIᵉ siècle, où un jour à demi-voilé rappelle les mystères sacrés se déroulant au sein des catacombes, où de grands souvenirs historiques se sont donné rendez-vous ; cette crypte où de toutes ces mâles poitrines d'orphéonistes s'échappaient en ce moment les mots répétés de Jérusalem ! Jérusalem ! faisant vibrer les voûtes sacrées du temple souterrain, dans lequel planent encore le souvenir et la grande figure du saint monarque Louis IX, allant arracher à des mains impures le tombeau du Christ.

Vous n'avez pas oublié, chers confrères, les paroles chaleureuses débordant en cette matinée du cœur de M. le chanoine d'Éverlange, le zélé pasteur de Saint Gilles. Elle est aussi restée dans nos souvenirs cette autre réunion solennelle de l'après-dinée de ce jour des fils de Saint-Vincent-de-Paul, venus ici de régions diverses, assemblés dans cette crypte à jamais vénérable par la découverte du tombeau du grand Saint-Gilles, sur lequel la nuit s'était faite, hélas ! pendant plusieurs siècles.

Vous vous rappelez aussi avec bonheur les offices solennels célébrés avec une pompe inaccoutumée dans l'église supérieure, et les paroles solides et inspirées prononcées par M. l'abbé Caucanas, archidiacre de Montpellier, président du pèlerinage.

CANTIQUE

HISTORIQUE ET CHRONOLOGIQUE

SUR

SAINT GILLES, ABBÉ

ANS de J.-C.	
640	Né du sang des princes d'Athène, Mais humble d'esprit et de cœur, Saint Gilles fuit la pompe vaine Et le faste de la grandeur.
665	A la mort de sa tendre mère,
666	Il part, du Ciel même inspiré, Et dans la France hospitalière Il brûle de vivre ignoré.

Depuis l'illustre saint Césaire,
Arles brillait par ses vertus ;
Il vient y vivre en solitaire :
Les Saints restent-ils inconnus ?
Un miracle annonce sa vie,
Le peuple l'entoure et le suit :
Qui fuit la cour et sa patrie,
Cherche un asile loin du bruit.

ANS
de
J.-C.

Non loin du Rhône, Vérédème,
De saint Agricol successeur,
668 Près du Gardon fixe lui-même
Les pas du pieux voyageur.
Là, le Ciel, à sa voix docile,
A l'infirme rend la santé ;
Il prie, et la terre stérile
Recouvre sa fécondité.

Du peuple il fuit encore l'hommage
Et se rend enfin dans ce lieu ;
670 Ici, sous un épais feuillage,
Il veut vivre seul avec Dieu.
Son cœur qu'un feu divin embrase
Est plein de la Divinité,
Et son âme pure en extase
S'élève à l'immortalité.

Le duc Paul tout à coup, dans Nîmes,
Contre son roi s'est révolté ;
673 Vamba vainqueur punit son crime,
Mais il pardonne à la cité.
Pendant le siège de la ville,
Un des gens du prince, un matin,
Force une biche en son asile ;
Un trait part et blesse le Saint.

ANS
de
J.-C.

673

Ils courent ; son front vénérable
D'un profond respect les saisit :
Ils s'arrêtent : son air affable
A l'approcher les enhardit :
La biche, des chiens délivrée,
A ses pieds trouve un protecteur :
De la main du Saint rassurée,
Elle ne craint plus le chasseur.

Précédé d'un brillant cortége :
Le roi se rend auprès de lui ;
Et l'évêque de Nîmes, Arrège,
Avec tous les seigneurs le suit.
Aux pieds du Saint, sous un vieux chêne
Vamba prosterné lui fait don
De la *vallée Flavienne*,
Qui dès ce jour porta son nom.

« De cent disciples, ô mon père !
« Soyez l'instituteur sacré,
« Et bientôt dans un monastère
« Devenez leur premier abbe !
« Que ce désert, jadis sauvage,
« Célèbre un jour par ses vertus,
« Du Ciel protégé d'âge en âge,
« En renferme les vrais élus ! »

ANS
de
J.-C.

685

Le vœu du roi se réalise ;
Le Saint, d'élèves entouré,
Bénit le cloître et son église,
Qu'à saint Pierre il a consacré.
Au Pape, par une cédule,
De tous ces biens il fait le don,
Et Benoît second, par sa bulle,
Les met sous sa protection.

721

D'une cité qui fut immense
Son cloître devint le berceau :
Ses vertus et son innocence
Ont sanctifié son tombeau.
Il expire : le chœur des anges
Accompagne son âme au ciel ;
La terre chante ses louanges,
Nos cœurs lui dressent un autel.

CANTIQUE

OFFERT

AU TOMBEAU DE SAINT GILLES

PAR UN PÈLERIN

I

Trois siècles d'oubli, de silence
Étaient passés sur le tombeau
Du plus grand saint de la Provence,
Enseveli dans ce caveau.
C'était saint Gilles, notre père,
Jadis ermite de ces lieux
Illustré par sa vie austère
Et ses bienfaits prodigieux.

II

En cette crypte magnifique,
Qui tenait caché ce trésor
Avait péri le culte antique :
C'était le règne de la mort.
Ici l'hérésie et la guerre,
De la cité double fléau,
Avaient tout réduit en poussière ;
Qui pouvait croire à ce tombeau ?

III

Mais la divine Providence,
Dont l'amour veille sur les Saints,

L'avait soustrait à leur violence,
Pour révéler de grands desseins.
On sait qu'un jour bien mémorable
Un instrument choisi des cieux
Soudain, découverte admirable !
Le fit reparaître à nos yeux.

IV

Le voilà ! c'est lui : noble pierre,
Nous te possédons désormais,
Et ce souterrain solitaire
Te devra la vie et la paix.
Fut-il jamais faveur pareille ?
O cité, chante avec amour,
Chante sans cesse la merveille
Que vint éclairer ce beau jour.

V

Au temps passé, la renommée
De ce sépulcre glorieux
Disait à l'Europe étonnée
Tant de bienfaits miraculeux,
Que les peuples pleins d'assurance
Et les victimes du malheur
Venaient implorer sa puissance
Et l'acclamer comme un sauveur.

VI

Ces jours de foi luiront encore ;
Dieu nous en rendra la splendeur ;
Saluons la nouvelle aurore
Qui nous annonce ce bonheur ;

On reviendra vers cette pierre,
Dont l'univers sait la vertu :
Du grand saint Gilles la poussière
A quels vœux n'a pas répondu ?

VII

Si nous voulons son assistance
Pour notre terre desséchée,
Aussitôt avec abondance
Le ciel distille sa rosée.
Dans les angoisses de la vie
Chacun entend sa douce voix,
Cette voix qui nous fortifie
Et nous fait accepter la croix.

VIII

Qu'ici l'infirme de tout âge
Soit conduit par la charité ;
Il reprendra tout son courage
Et la grâce de la santé.
Vous serez toujours notre gloire,
Monument cher à nos aïeux
Et, dans tous les temps, votre histoire
Sera redite à nos neveux.

IX

Ce n'est jamais en vain qu'on prie,
Leur dira t-on, ce saint tombeau.
Toute douleur qui le supplie
Sent renaître un espoir nouveau.

Que de la foi la flamme ardente
S'éveille donc en tous les cœurs;
Que bientôt sa vertu puissante
Nous ramène des jours meilleurs.

X

Cendres augustes de nos pères,
Dormez ici dans le Seigneur,
Sous les auspices tutélaires
Qui vous assurent le bonheur.
Tombe sainte, à la dernière heure,
Obtenez-nous un doux sommeil,
Et que l'éternelle demeure
Nous accueille à notre réveil.

CANTIQUE

AU TOMBEAU DE SAINT GILLES

DÉCOUVERT

Dans la Crypte de l'Église abbatiale de St-Gilles

Le 29 Août 1865.

A notre bienheureux saint Gilles
Chantons un cantique nouveau ;
Offrons-lui des cœurs plus dociles,
Dieu nous a rendu son tombeau.
Près de la grotte solitaire
Qu'habita notre saint patron,
Repose la modeste pierre
Qui garde son cœur et son nom.

Devant ces reliques sacrées
Répandons nos chants et nos fleurs,
Et, sous ces voûtes vénérées,
Du Ciel exaltons les faveurs.
D'amour et d'ardente prière
Entourons le pieux trésor ;
Penchés sur son lit funéraire
Saint Gilles nous bénit encor.

Nos pères ont vu, d'âge en âge,
Les œuvres de sa charité ;
Lorsque partout grondait l'orage,
Lui veillait sur notre cité.

Sa foi, ses vertus surhumaines
Éclatèrent dans l'univers ;
Les nations les plus lointaines
Chantent ses miracles divers.

L'infirme, à la voix de saint Gilles,
Reprend la force et la santé ;
Les champs, depuis longtemps stériles,
Recouvrent leur fertilité ;
En Pologne, la dynastie
D'un monarque religieux
Retrouve sa sève et sa vie
Dans un enfant miraculeux.

De son ancien pélerinage
Le temps a ramené les jours ;
Chacun, dans son humble langage,
Lui demandera du secours ;
Sous sa pacifique bannière
Refleurira la charité,
Et nous cueillerons sur la terre
Des trésors pour l'éternité.

Accourez donc, peuples fidèles
Qui gémissez dans les douleurs ;
Vous cherchez des mains paternelles
Qui sachent essuyer vos pleurs ;
Vers cette tombe bien-aimée
Tournez vos regards confiants
Pour voir grandir sa renommée
Par des prodiges renaissants.

O saint Patron, si je t'oublie,
Toi que j'aimai dès mon berceau,
Si je ne rends, toute ma vie,
Un culte à ton noble tombeau,
Que ma main, justement punie,
Dans l'oubli demeure à jamais,
Que ma voix tombe, anéantie,
Si je ne chante tes bienfaits !

Du haut de la sainte demeure
Où Dieu récompense ta foi,
Obtiens que je vive et je meure
Dans la pratique de sa loi ;
Obtiens qu'admis aux chœurs des anges,
Après ce terrestre séjour,
Je chante, avec toi, ses louanges,
Au sein de l'éternel amour !

TABLE CHRONOLOGIQUE

DES ABBÉS DE SAINT-GILLES

Successions chronologiques. — Abbés de St-Gilles. Ménard, tom. 6, p. 39.

CURÉS DE SAINT-GILLES DEPUIS LA GRANDE RÉVOLUTION

—

MM. Clavière	1795 (1)
Louis Dorthe	1813
Laurent Coutellier	1830
Benoît Poutingon	1831
Joseph Calmen	1840
François Corrieux	1858
Achille Goubier	1864
Hippolyte Bastien	1872
Pierre-Émile d'Éverlange	1873

(1) Les registres de catholicité de la paroisse portent les actes signés *par M. Clavière, curé,* dès 1795.

TABLE DES MATIÈRES

CHAPITRE I

SAINT GILLES — SA NAISSANCE — SES ŒUVRES — SA MORT

CHAPITRE II

RAPIDE PROPAGATION DU CULTE DE SAINT GILLES

CHAPITRE III

DÉCADENCE DU PÈLERINAGE DE SAINT GILLES

CHAPITRE IV

DÉCOUVERTE DU TOMBEAU DE SAINT GILLES — RÉSURRECTION DES PÈLERINAGES

CHAPITRE V

LA BASILIQUE DE SAINT-GILLES

APPENDICE AU CHAPITRE CINQUIÈME

—

DOCUMENTS

NOTES ET PIÈCES JUSTIFICATIVES

—

—

—

TABLE DES GRAVURES

—